強い自信がみなぎる本

植西　聰

成美文庫

はじめに

「自分に自信を持てない」という人が、たくさんいます。

これは、とても悲しいことです。

なぜかといえば、「自分に自信がない」からといって、私たちは、まるで洋服を着替えるように「自信のない自分」を脱ぎ捨て、誰か他人の人生を生きることなどできないからです。

たとえ「自信のない自分」であろうと、そんな自分と一生、私たちはつき合っていくしかないのです。

では、どうするのか。

「自信のない自分」を脱却し、失われた自信を取り戻す努力をしてみるしかありません。

本書は、こういう「自分に自信を持てない」という人のために、どうしたら自信を取り戻すことができるのか。

どうすれば、ふたたび胸を張って堂々と生きていくことができるのか。

どうすれば「元気な自分」をよみがえらせることができるのか。

そういったことを多方面からアドバイスしていくものです。


一番いけないのは、自分から逃げてしまうということです。

いくら自分から逃げようとしても、私たちは自分から離れて生きていくことなどできないのです。

ですから、まずは、自分の中にある、悩み、悲しみ、つらさといったものに、真正面から向かい合う努力をしてみてください。

そうしなければ、何も解決はしないのです。

「自分を知る」ということから、自信を持って生きていくための第一歩は始まるのです。

強い自信がみなぎる本

CONTENTS

第2章　つらい試練も楽天思考で乗り越える

第3章　過ぎ去ったことを後悔しない

第4章　心がわくわくするものを見つける

第5章　何でも相談できる仲間を持つ

第6章　思い切って決断してみる

第7章　負けることを恐れない

第8章　小さいことでも自分をほめる

第9章　「自信にあふれた自分」をイメージする

本文デザイン／山下洋子
本文イラスト／辻　和子

第1章
得意なことを一つ持つ

「これは私にまかせて」というものを作ってみよう――

何でもいいですから、「これならば、私にまかせて」という得意なことを一つ持つこと、これが、自信を持って生きることにつながるのではないかと思います。

ある男性の話を紹介しましょう。

彼は今は社会人ですが、中学校に通っていた時に、つらい経験をしました。学校の中でイジメられたのです。

彼は特別成績が良かったわけではなく、運動ができたわけでもなく、どちらかというと引っ込み思案でおとなしい性格だったので、かっこうのイジメの対象にされてしまったのです。それが原因で登校拒否になってしまいました。

両親も、学校の担任の教師も心配しました。そして、どうにか学校に通うように彼を説得したのですが、またイジメに会うのが怖くて彼は学校にいくことができませんでした。ずっと自宅にこもったままの状態だったのです。

自信を取り戻すきっかけは小さなことから

たまたま家に、いくつか手品の道具がありました。手品用のトランプや、仕掛けのあるコインや、洋服のポケットから飛び出てくる不思議な花です。手品を趣味にしていた彼の父親が集めたものでした。

ずっと家にいて暇だった彼は、何の気なしに、その道具を使って手品の練習を始めました。毎日のように練習しました。そのうちに、とても上手に手品ができるようになりました。うまくできるようになると、誰かに見てもらいたいという気持ちが起こって、家の近所で遊ぶ小さな子供たちを呼んで、手品を披露したのです。

すると子供たちは、キャッキャ、キャッキャいいながら大喜びするのです。そんな喜ぶ子供たちの姿を見ているうちに、彼の心の中には、「自分の手品を、学校のみんなにも披露してあげたい」という気持ちがわき上がってきたのです。

ある日、ついに手品の道具を持って、あれほど行くことを拒んでいた学校に登校しました。そして休み時間に、手品を始めたのです。すると、思っていた通りのことが起きました。みんな大喜びで、彼に拍手喝采を送ってくれたのです。

それからというもの彼はすっかり人気者になり、イジメられることもなくなりました。そして生きていくことに、大きな自信が生まれたというのです。

「手品という、得意なことができたおかげで、自信を得ることができたのだと思います」と彼は語っていました。

誇れるものがたった一つあればいい

あなたも、「これは私にまかせて」というものを一つ作ってみたらどうでしょうか。何でもいいのです。

・人を説得することなら、誰にも負けない。
・数字を扱う仕事なら、私は得意だ。
・文学に関する知識なら、私はすごくくわしいんだ。
・ぼくは気象予報士の資格を持っているんだ。天気のことなら、ぼくにまかせて。

・体力なら自信がある。学生時代ラグビーをやっていたんです。

何か一つでも、「これなら、まかせてくれ」というものがあるだけで、生きることに、ずいぶん自信が生まれるのではないかと思うのです。

何か一つくらいあるでしょう。「何をやっても、うまくいかない」ということはないはずです。どんな人であろうと、一つか二つ、人よりも秀でているものがあるのです。それを自分の得意芸にすればいいのです。

「宴会なら、オレにまかせろ」という人もいます。ある会社の若手の社員なのですが、人を笑わせたり、楽しませることが、とてもうまい人なのです。ですから会社の社員が集まって宴会が催されることになると、その人が率先して場所選び、スケジュールの調整、そして宴会の司会と、大活躍することになるのです。

実は、この社員は、職場では必ずしも仕事のできる優秀な社員ではないのです。

しかし、この芸があるおかげで、いざという時には、何かと重宝がられているのです。

ですから本人も「仕事ができない」ということで、職場で自信を失うことなく、イキイキと働いていくことができるのです。

「あれもしたい、これも身につけたい」で、かえって自信を失う人がいる

何か得意なものを一つ持つことが、自分に自信を持つコツだといいました。

「よし、自分も何か身につけて、得意なものを作ろう」と、さっそく思った人もいるでしょう。ただ、「あれもやりたい、これも身につけたい」と、あまり欲張って、たくさんのことに手を出さないようにしましょう。欲張りすぎると、結局どれも身につかず、かえって「自信を失う」ことにもなりかねません。

今、カルチャーセンターが、とても盛況です。

主に主婦や定年後の人たちに人気があるようです。あるカルチャーセンターで事務の責任者をしている人から聞いたことがあります。

せっかく何か手習いを始めよう、何か勉強しようという気持ちになって、カルチ

ャーセンターへ入学してきても、途中で挫折してしまって、何一つ身につかないままセンターを辞めてしまう人が、あんがい多くいるというのです。

そういう人たちには、ある共通した傾向があるそうです。

つまり、私は手芸も始めたい、習字も習いたい、フルートも吹けるようになりたい、源氏物語についてもくわしくなりたい、と、最初からあれもこれもとたくさんの講座を受講する。そのために、結局どれも中途半端になって、嫌気が差し、センターにこなくなってしまうのだそうです。

やりたいことを絞りこむ

ですから入学希望者には、『何か一つ、これをやりたいというものを絞って、そのことに集中するほうがいいですよ。その他にしたいことがあるなら、まず最初のものをしっかりと身につけて、それから別のものを習い始めるほうがいいですよ』と、アドバイスするのだとその事務の責任者は語っていました。

みなさんも、あまり欲張って、あれもこれもと手を出さないほうがいいと思うのです。得意芸になるものは一つだけでもいいのです。「これならば、私はうまくできる」というものが一つあるだけでも、十分に、あなたの「自信」は育っていくはずです。

成績の良し悪しなんか気にしない

ピカソという画家を、みなさんもよく知っていると思います。二十世紀最大の天才画家といわれています。

ピカソは、とても早熟な子供でした。中学校に上がるか、上がらないかという年齢で、もう大人顔負けの、すばらしい絵を書き残しています。

ところで、このピカソなのですが、学校に通っていた時には、確かに美術の成績はバツグンに秀でていたのですが、その他の科目は、算数も国語もまるっきりダメだったのです。テストなどすれば、ほとんど下から数えたほうが早いくらいの成績でした。それでも天才と呼ばれるような偉大な業績を残すことができたのです。それは、なぜか。「絵を描く」ことにかけては、誰にも負けない才能を持っていたからです。

物理学者のアインシュタインも、そうでした。

物理学の分野では天才的な才能を持っていたのですが、それ以外のことは、まったくダメだったのです。驚くことに、物理学と同じ理科系の科目である、数学ですら苦手にしていたようです。大学受験の時にも、物理学以外の科目はすべて不合格でした。でも物理学だけは驚くような好成績だったので、それに免じて特別に合格通知を出してもらったという逸話があるくらいです。またアインシュタインの書いた論文には、高校生でもしないような、ごく単純な計算ミスがよくあったということです。

それでもアインシュタインは、二十世紀最大の物理学者だといわれているのです。それはアインシュタインが、物理学に関しては、誰にも及ばないすばらしい才能を持っていたからでしょう。

ピカソやアインシュタインのような天才であっても、そうなのです。

私たちのような凡人が、あれも、これもと欲張っても、しょせん全部を身につけることなど不可能でしょう。

しかし一つのことに集中してがんばっていれば、天才とは呼ばれなくても、「これならば」と自信を持っていえるようになるぐらい上達することは可能だと思うのです。

心から「できるんだ」と信じる。この信念がなければ何も身につかない

生きていくことに自信をつけるために、何か自分が得意とするものを身につけるにしても、「こんなことをして、どうなるんだ。本当に役に立つのか」という疑念を持ちながらでは、結局何事も身につけることは不可能でしょう。

パソコン教室でインストラクターをやっている女性から、こんな話を聞いたことがあります。彼女は主に中高年層の指導にあたっているのですが、そこへパソコンを習いにくる人には二通りのタイプがいるというのです。

一人は、「自分は年齢的には老けてしまったが、頭の回転も、心の柔軟性も、まだまだ若いつもりだ。世間ではよく、中高年からパソコンを習い始めても習熟するのはむずかしいといわれているらしいが、そんなことはない。自分は、これからでもパソ

コンを十分にマスターする自信がある」と意気揚々と教室にやってくる人です。

もう一人は、「パソコンができなければ若い人にバカにされるから」と、そのような理由から教室にやってくるのですが、心の中では「自分の年齢では、もうムリだろう。パソコンなんてできるようになるわけがない」と半分、あきらめの気持ちを抱いているタイプです。

やる気さえあれば何でもできる

さて、この二通りの人たちですが、彼女によると、その後のパソコンの上達の仕方がまったく違うというのです。

「前者の『できるんだ』という信念を持ってパソコンを習いにくる人は、とても上達が速い。イキイキとした表情で彼女の講義に耳を傾けているし、わからないところがあれば積極的に『ここは、どうすればいいんですか』と聞いてくる。事前にしっかりと予習してパソコンの授業に臨み、授業のあとには復習も欠かさない。だから、一カ月も経たないうちに一通りのことはすべて覚えてしまう」

と彼女はいいます。

それに比べて、「できるわけがない」とあきらめている人は、そうはいきません。あまり「学ぼう」という意欲は見られません。

同じことを何度説明してもなかなか覚えられず、結局途中で挫折してパソコン教室を辞めてしまう人も多いそうです。

何かを身につけるためには、やはり「やる気」が大切なのです。

この「やる気」がないのなら、同じ始めるにしても、やる気が出てからスタートしたほうがいいのではないでしょうか。

結局、途中で挫折すれば、かえって自分に自信を失ってしまうばかりでしょう。

さて、「やる気」を生み出すためには何が必要か。それは「自分が好きなこと」を見つけるということです。「好きでもないこと」に挑戦しようとするから、「イヤイヤながら」ということになるのです。

「これは何か面白そうだな。楽しそうだな。好きだな」というものを見つけて、それに挑戦する。そうすれば、それほど努力することなしに身につくはずです。

自分の得意芸にするものは、まず「自分が好きである」ことが前提です。

苦手なことは、あせらず気負わず少しずつ改善していこう

あなたにも、「これは、私は苦手なんだなあ」というものが一つか二つあるのではないでしょうか。また、この苦手意識のために、生きていくことに自信を失いかけているという人もいるかもしれません。

「私は料理が苦手なのよねえ。料理が苦手な女でも、いい奥さんになれるかしら」
「ぼくは、どちらかというと、人間関係が苦手なんです。部屋の中で一人でコツコツやる作業は得意なんですけど」

といったようなことです。

ある男性は「字を書く」ことが苦手でした。自分は、字をきれいに書くことができない、字がヘタだ、という劣等感を持っていたのです。

ですから、結婚式の受付などで、自分の名前や住所を記帳しなければならない時など、「うまく字を書けない」という苦手意識から緊張してしまって、手がブルブルとふるえてしまうほどでした。

「これが苦手！」という先入感を捨てよう

さて、このような「苦手意識」を克服するためには、どうすればいいのか。この問題を考えてみましょう。

まず、その前に、一つ指摘しておきたいことがあります。というのも、往々にして私たちは自分の苦手とするものに対して「いくら努力したってムダだ。苦手なものを克服することなんてできない」と安易に決めつけてしまいがちです。

こんな話があります。

サーカスのゾウの話です。

まだ幼く、体が小さいゾウの足を鎖につなぎます。

そうするとゾウは、どうにか鎖を切りたいと思い、暴れます。しかし幼いゾウは力も弱いので鎖を切ることができません。そのうちに、「いくら暴れても、この鎖は切れないのだ」と気づき、暴れるのをやめて、おとなしくなります。

いったんおとなしくなると、その後は決して、暴れて鎖を切ろうなどとしなくなります。成長し、大人になって体が大きくなっても、おとなしく鎖につながれたままでいるのです。

しかし鎖が切れなかったのは、そのゾウがまだ幼く力が弱かったからであって、大人のゾウであれば簡単に鎖を切ることができるのです。

なのに幼い頃、一度「この鎖は切れないのだ」という先入観を植えつけられてしまうと、大人になっても、そう信じ込んだままです。

人の「苦手意識」もこれと同じことです。

一度、「私は、これが苦手だ」と思い込んでしまうと、「いくら努力したってムリに決まっている」と簡単に決めつけてしまうことが、よくあるのです。

「いくら料理の勉強をしたって、私が料理がうまくできるようになるはずはない。だって私はもともと料理がヘタなんだから」

「どうしたって、そんなことはムリですよ。人間関係がうまくいくことなんて、私には初めからムリなことなんです」

というように「ムリだ、ダメだ」と決めつけてしまうのです。

しかし、それは違うのです。努力さえすれば、苦手なことは改善できるということを、まず信じてください。とにかく最初から「ムリだ」と決めつけてしまったら、あなたは永遠に、この苦手意識から逃れられず、自分に自信を持つこともできず、苦しんでいかなければならないのです。

田中角栄という政治家がいました。この人は、子供の頃、言葉をうまく発音することができませんでした。本人も、そのことで悩んでいました。

ある時、彼は吃音を直すために、毎日大きな声を出して、教科書を読むことを始めたのです。

毎日、あせらずに少しずつ、教科書を読んでいく。そのことで自然に吃音は治ったそうです。また何度も何度も教科書を読み返したので、学校の成績も良くなったのだということです。とにかく、苦手意識、劣等感というものは、努力さえすれば克服できるものなのです。

「ムリだ」「ダメだ」「できるわけがない」と声に出すと、本当に何もできなくなっていく――

「二年後に役員にまで昇進するんですか。ムリですよ、そんなことは」

「彼に、『つき合ってほしい、好きなんです』と告白しても、どうせフラレてしまうに違いないわ。初めから、ダメなことはわかっているの」

「この仕事を成功させるなんて、ムリに決まっています。できるわけがありませんよ」

というようなことをいう人がいます。

「ムリだ」「ダメだ」「できるわけがない」、そんな言葉ばかり口にする人たちです。

私は、残念でならないのです。なぜ最初から、まだ何のチャレンジもしないうちに、「ムリだ」「ダメだ」と決めつけてしまうのでしょうか。

もちろん、その人にも、それなりの理由はあるのでしょう。

「入社十年で係長までしか昇進していない私が、どうして二年後に役員になれるんですか。合理的な考え方じゃありませんね」

「私は美人でもないし、どこにでもいるような女だし、こんな私が、ハンサムな彼から愛されるはずがない」

「ライバル会社も多いし、景気もパッとしない。このような状況の中では、成功は望めないとわかっているんですよ」

気持ちはわからなくありません。しかし、たとえそうであっても、チャレンジしてみる前から「ムリだ」「ダメだ」と決めつけないでほしいのです。

「ムリだ」「ダメだ」「できるわけがない」と考えてしまったとたん、もうそこで進歩が止まってしまうのです。あなた自身の「やってやろう」という前向きな意欲が消えてなくなるのです。

「できるはずだ!」と信じればいい

本当は、がんばれば達成可能なことなのかもしれません。あなたの知らないところで、あなたの勤務する会社の経営者は、「彼は、ああ見えて、実はなかなかすごい能力を秘めた男だ。残念ながら、まだその能力を十分に発揮できてはいないが、あと二年待ってやろう。その間に業績を残すことができれば、彼を役員に抜擢してやってもいい」と、あなたを評価しているかもしれません。

あなたが恋心を寄せる彼は、「彼女って、とてもすてきな女性だな。性格的にとっても親近感が持てる」と心の中で考えているかもしれないのです。あなたが「成功するはずがない」と考えている事業も、実際にやってみれば、どうなるかわかりません。思いの外大きな収益を上げる、ということだってあるでしょう。

「ムリだ」「ダメだ」「できるわけがない」と最初から決めつけてしまえば、できることもできなくなるのです。成功することも失敗するのです。なぜなら、あなた自身が自分の可能性に、みずから終止符を打ってしまっているからです。

まずは否定的に考えるのではなく、「できるはずだ」と信じてみてください。それだけで、あなたの人生は大きく変わるでしょう。

あなただってきっと、本心では、「昇進したい」「恋人がほしい」「収入をアップしたい」と願っているはずです。

そのような願いを否定すべきではありません。「ムリだ」「ダメだ」「できるわけがない」と考えることは、自分の願望をみずから否定することなのです。

こういう否定的な気持ちを抱えながらでは、たとえ目標に向かってチャレンジしたとしても、爆発的な行動力は生まれません。ダイナミックに前途を切り開いていくことはできません。自信を持てないために、こわごわとしか行動できないのです。肝心なところで尻込みするのです。できることも、できなくなってしまうのです。

まずは自分に自信を持ってほしいのです。「できるはずだ」「だいじょうぶだ」と信じてほしいのです。ナポレオンが残した言葉に「我輩の辞書には不可能という文字はない」という名言があります。そういう心意気で物事に臨めば、あなたの人生は大きく前進するでしょう。

第2章

つらい試練も楽天思考で乗り越える

つらい試練に見舞われた時は、プラス思考で乗り越えよう

人生には、つらいことがたくさんあります。泣きたくなるような経験も、たくさんしなければなりません。つらいこと、悲しいこととは一切関係なく生きていける人など、この世にはいないのです。しかし、そんなつらいこと、悲しいことに出会った時、それをどう考えるか、どう対処するかは、人によって異なります。

たとえば、このような出来事が、あなたの人生に起こったと想像してみてください。

・ささいなことで、会社の上司から怒られた。
・恋人から、別れ話を持ち出された。
・大学受験に二年連続で失敗した。

・会議でのプレゼンテーションで、緊張してしまってうまくしゃべれなかった。
・思わぬアクシデントで、これまでの努力が水の泡になった。
・みんなの前で人から非難されて、恥をかいた。

さて、あなたは、どう思うでしょうか。どう行動するでしょうか。

ある人は、「もう、やってられない」とグチをいうかもしれません。「アイツのおかげで、こんなことになってしまった」と、人の悪口をいう人もいるでしょう。「ああ、なんだか、むなしいなあ」と、人生をはかなむ人もきっといるでしょう。

グチをいっても始まらない

しかし、こういう人たちに、私は賛成することができません。

なぜなら、いくらグチをいっても、人の悪口をいっても、人生をはかなむようなことをいっても、何も解決しないからなのです。結局、この人たちは、人生の不運を乗り越えて、自分の人生を明るい幸福な方向へ導いていくことができません。

上司から怒られて、「やってられない」とグチをいう。

グチをいうことで、上司から、「怒って悪かった。君は、なかなか見込みのある社員だ」と見直されるでしょうか。そんなわけがありません。

それどころか、「いつまでグチばかりいっているんだ。まったく君という人間には、あきれたよ」と、ますます上司の怒りをあおることになるでしょう。

大好きな恋人から、「別れよう」といわれたとします。

その恋人のことを、「あなたは、こんな薄情な人だとは思わなかった」と悪口をいう。そうすることで、「やっぱり別れるのはやめよう。もう一度やり直そう」と恋人はいってくれるでしょうか。いいえ、そうはいきません。悪口をいえばいうほど、恋人の心は、あなたから遠のいていってしまうでしょう。

〝お叱り〟も励ましの言葉と解釈しよう

うまくいかないこと、思わぬアクシデントに見舞われることを、いくら嘆いてみても、人生は、いい方向へと向かってはいかないのです。好転はしないのです。

一方、どんなにつらいこと、悲しいことが起こっても、どうにかそれを乗り越えよう、ふたたび元気な自分を取り戻そうと、がんばる人たちもいます。そういう人たちは決して、グチをいったり、悪口をいったり、人生をはかなんだりはしません。

このような人たちは、上司から叱られたら、「そうか、上司は自分を高く評価してくれているから、こんなに叱ってくれるのだな。よし、がんばるぞ」と考えます。

恋人から別れ話を持ちかけられたら、「これは、彼よりもっとすてきな人にめぐり会えるチャンスかもしれない」と考えます。

何をやってもうまくいかない時であっても、「この努力はムダにはならない。いつかきっと報われるはずだ」と信じます。心の持ち方が、とてもプラス思考なのです。またプラス思考であるからこそ、この人たちの人生は良い方向へと向かっていくのです。そしてまた、自分に自信を持って、堂々とした姿で生きていくことにもつながるのです。

私は、こういう生き方に拍手を送りたいと思います。

勇気を持ってください。つらい出来事、悲しい出来事があっても、それに負けてはいけません。勇気を持って、一歩でも前に向かって歩いていってほしいのです。

そして、それを可能にするのが、いつも気持ちを前向きにしておくことです。つまりどんな事態に見舞われようと、いつも物事をプラス思考で考える習慣ではないかと思うのです。

グチや悪口ばかりいう人は、自分からつぶれていく

グチをいったり、人の悪口をいうことは、結局、自分の人生を悪い方向へ導いてしまうことになります。

みなさんは、コメディアンの萩本欽一さんをよく知っていると思います。欽ちゃんの愛称で、とても親しまれていますよね。

ところで、この欽ちゃんには、たくさんのお弟子さんがいます。関根勤さんや小堺一機さんなど、欽ちゃんのお弟子さんです。無名だった頃に欽ちゃんに見出され、そして欽ちゃんに育てられ、コメディアンとしての才能を開花させた人たちです。彼らは今ではお茶の間の人気者として、芸能界でたいへんな活躍をしています。思うに欽ちゃんという人は、それだけ、人の才能を見抜く能力がとてもすぐれているのでしょ

う。人の才能を見抜く能力がなければ、あれだけたくさんのお弟子さんを育て、また関根勤さんや小堺一機さんなどの逸材を発掘することなどできなかったはずです。

グチは潜在意識にマイナスに働く

ところで欽ちゃんには、お弟子さんを新しく採用する時に、一つ決めていることがあるのです。それは、「グチをいう人間は採用しない」ということです。

「グチをいうヤツは成功する見込みが少ない。また、とかく人とトラブルを起こして、自分からつぶれていってしまう」というのが欽ちゃんの持論なのです。

私も、確かにその通りだと思います。

なぜグチや人の悪口をいうと、成功できないのか。自分からつぶれていってしまうのか。ここでは人間の「潜在意識」という観点から説明してみましょう。

潜在意識というのは、ふだん私たちがはっきりとは気づいていない、心の奥底のほうにある意識です。そこには過去の記憶が、ぎっしりとつまっています。そこにマイナス記憶がつまっていると、マイナスな人生になってしまうのです。この潜在意識の活用の仕方次第で私たちは、自分の人生をこの上なく幸福なものにすることもできれば、不幸のどん底へ突き落とされることにもなるのです。

さて、グチをいう、悪口をいう、人生をはかなむ、ということは、この潜在意識にマイナスの想念を送ることといっしょです。マイナスの想念が送られると、潜在意識はたちまち、この人の人生を悪いほうへ、悪いほうへと導いていってしまうのです。このことは大切なことですから、よくよく認識しておくべきでしょう。

みなさんの身近なところにも、グチばかりいっている人、口を開けば人の悪口ばかりいう人、人生をはかなんでため息ばかりもらしている人がいると思います。今度、その人がどんな顔をしているか、ゆっくりと観察してみてください。たいてい自信のなさそうな、ションボリとした情けない表情をしているものです。実は、そのような表情こそ、潜在意識がマイナスの想念で満たされている証拠なのです。

「自分に自信がある人」は、グチや悪口はいいません。ですから潜在意識にマイナスの情報が伝わっていくこともないのです。

むしろ、どんなにつらいことがあっても、「負けてたまるか」と自分を励ましています。前向きな気持ちを忘れないのです。その結果、今度は潜在意識にプラスの想念が送られ、人生がいい方向へと向かい始めるのです。

不運な出来事にも「ありがとう」と感謝する。そうすることで「自信」が育っていく

その時は、「どうして、こんなことになるんだろう。まったく自分は不運だ。自分ほど不幸な人間はいない」と思ったことでも、ある程度時間が経過してから過去を振り返ってみると、「あの時は、いい経験をしたなあ」と思えてくることがあります。

みなさんも、そういう経験をしたことがあるのではないでしょうか。

あるエリートサラリーマンの話をしてみましょう。

彼は有名大学を卒業し、大手の商社に就職しました。野心家で、また人一倍の努力家でもありました。まあ、そのかいもあって、とんとん拍子に出世していきました。

三十歳で結婚し、二人の子供にも恵まれましたが、とにかく朝早くから夜遅くまでよく働きます。休日も、ほとんどないような生活をしていました。

そんな彼のことを、内心奥さんは心配していました。働きすぎで、体を悪くするのではないかと心配だったのです。

奥さんの予感は的中してしまいました。彼は働きすぎがたたって、ついに倒れてしまったのです。それも重い病気で、長期間の入院を余儀なくされました。ちょうどその時、会社では大きなプロジェクトを進行している最中で、彼は「こんな大切な時に、病院のベッドで寝ていなければならないなんて本当に悔しい。自分のこれからの将来を決定づけるような大切な仕事だったのに、情けない」と、こぼしていました。

病気のお陰で大切なことに気づかされた！

そんな彼だったのですが、一年後にはもう病気も全快し、職場にも復帰しました。

そして彼はこんなことをいったのです。

「あの時、病気になったことは不運どころか、運のいいことだったと思っている」

その理由は、こういうことです。

「確かに、あの時は、自分ほど不運な人間はいないと思っていた。しかし病気の間妻の献身的な看護を受け、また子供たちにも毎日のように見舞ってもらい、家族の大切さに改めて気づかされた。考えてみれば自分は、まったくの仕事人間で、家庭を省なかった。もし病気をせずに、あのまま仕事にばかり没頭していたら、自分は永遠に家族に愛される、また家族を愛する喜びを知ることなどできなかったかもしれない。その結果、知らず知らずのうちに、自分の人生を不幸なものにしていたかもしれない」

そして、「自分に病気をプレゼントしてくれた神様に、ありがとう、といいたいくらいだ」とまで考えていたというのです。病気という「不運」としか思えないような出来事が、時間の経過とともに、まさに「ありがたい出来事」に生まれ変わったのです。

私は、こういう認識の転換ができた彼を、ある意味、とても「幸福な人」なのではないかと思います。

重い病気にかかった時には、誰もが気弱になるものでしょう。しかし、「自分は不運だ。もうダメだ」と心を弱いままにしておけば、ますますその病気は悪くなりかねません。彼は、まさに楽天の発想で、「自分に病気をプレゼントしてくれた神様にありがとう」というくらいの気持ちでいたからこそ、病気に打ち勝つことができたのです。また「家族の愛に気づく」というような、幸せな発見ができたのではないでしょうか。

グチをこぼさず、現実を見据えよう

病気ばかりではありません。自分が間違っていることをしている時に、「そんなことではダメだよ」と手厳しく忠告してくれる友人がいませんか。

手厳しい忠告を受けた時は、「うるさいな。黙ってろ」と反発する心が生まれるものの、後になってみれば、「あの時は、本当にいいことをいってくれた」と友人に感謝したいような気持ちになることも、よくあることです。

若い頃、人づかいの荒い上司にさんざんこき使われることがあって、その当時は「ああ、イヤな上司だ」と嫌っていたのにもかかわらず、後になってみると、「あの時、あの上司にきたえてもらったからこそ、今の自分がある」と、やはり感謝したい気持ちにさせられることもあるでしょう。

突然、面白味のない仕事に人事異動を命じられた時、もちろん当初は、「こんな仕事、やっていられるか」とやる気を失うのですが、そんな仕事にもだんだんとやりがいを感じるようになり、創意工夫をした結果、大きな利益を上げる事業にまで成長させることに成功した。こんな場合、「あの時、左遷してもらって、本当に良かった」という結果になるのです。

そうであるなら病気にも、手厳しい忠告にも、人づかいの荒い上司にも、理不尽な左遷にも、やはり「ありがとう」なのです。

つらい出来事から顔をそむけてばかりいても、それを乗り越えることはできません。「ありがとう」といってみることは、つまり、それを「受け入れる」ということです。つらいこと、受け入れがたいことであっても、「ありがとう」という気持ちで受け入れてみる。そうすることで、実は、つらいことを乗り越えるための、一つのきっかけをつかむことができるのです。

そして、つらいことを一つ乗り越えることができれば、それが自分への自信となるはずです。

「イヤだ、イヤだ」とグチをこぼしてばかりでは、そんなきっかけをつかむことはできません。

欠点を隠す努力よりも、美しく個性を演出する努力をしてみよう

自分の容姿のことで悩んでいる人がいます。

「容姿が人よりも劣っている」そのことで自信を失っている人です。

「私の鼻はどうしてこんなに低いのかしら。こんな顔をしているから、私にはいつまでも恋人ができないんだわ」

「ぼくが会社で出世できないのは、身長が低いからだ。身長が低いから、人よりも目立たない。だから出世できないんだ」

といった具合です。しかし容姿や体つきといったものは、天にいる神様があなたに与えてくれたものなのですから、いくら悩んだところで、どうにもならないことなのです。

どうにもならないことで、もう悩まない！

また「どうにもならないこと」を、いつまでも気に病んで、ああだ、こうだ、と不満を並べ立てることは、ますます自分に対する自信を喪失させるだけです。

いくら努力してもムダなことなのですから、「どうにもならないこと」で悩むのはもう終わりにしましょう。

ところで、努力してもどうにもならないのが容姿や体つきなのですが、努力すれば磨かれるもの、美しくなっていくものがあります。それは、その人ならではの「個性」です。ある化粧品会社でコーディネーターをやっている女性から、こんな話を聞きました。人によって化粧の方法には、二つのやり方があるそうです。

「ある人は、化粧することによって、自分の顔のイヤなところ、欠点だと思っているところを隠そうとします。いわば『隠す化粧』のやり方をするのです。もう一人は、自分ならではの顔の個性を強調するような化粧を好んでします。いわば『表す化粧』です」

さて、『隠す化粧』と『表す化粧』、どちらのほうがその人が美しく輝いて見えるのかといえば、断然『表す化粧』、つまりその人の個性を引き立たせる化粧をする人のほうだと、彼女は考えています。

「なぜなら欠点、たとえば目尻にシワが多いとか、唇が厚いとか、そういうものは、本来化粧で隠し通せることができないものです。また、それを無理やり隠そうとすることで、かえって目立ってしまうことにもなりかねません。そうなると他人には、『何か、おかしいな。何か不自然だな』というよくない印象を与えることになるからです」という理由です。

また、「むしろ、たとえ目尻にシワが多くても、唇が厚くても、そのような、ある意味その人ならではの個性を、うまく演出してあげる化粧をするほうが、ずっとチャーミングですし、輝いて見えますよ」とコーディネーターの彼女はいっています。

欠点をあげつらっていては、幸せは遠い

このことは容姿や体つきといったことに限った話ではないのでしょう。「自分の性格が嫌いだ」という人もいます。

「自分はとかく几帳面で、細かいことにうるさいから、人から嫌われてしまう」とい

います。しかし、「几帳面」ということは決して、人から非難されることではありません。また嫌われる原因になることでもないのです。

ですから、むやみに自分の欠点を数え上げて自分を嫌うのではなく、むしろそれも自分の持って生まれた個性なのだと受け止めることです。先のコーディネーターの言葉を借りれば「個性をうまく演出する」ことができれば、几帳面であるということは嫌われるどころか「あの人はきっちりしている人だから、いっしょにいて安心できる。本当に頼りがいがある人だ」と、むしろ好感を集めることも可能になります。

鼻が低い女性であっても、「その鼻が、かわいいね」といってくれる男性はいるはずです。身長が低い男性であっても、「君は、なかなかガッツがある」とほめてくれる上司もいるはずなのです。しかし自分で自分を嫌って、「私は鼻が低いから」「ぼくは身長が低いから」といっている限り、「かわいい」といってくれる男性がいても、ほめてくれる上司がいても、楽しくはありません。

鼻が低いとか、身長が低いというのは「欠点」ではないのです。それは、あなたの「個性」なのです。そう信じて、そういう自分に自信を持つことができれば、あなたは美しく輝き出すでしょう。

強い自信を持って生きる人は、周りにいる人たちをも感動させる

「人と違ったことをする」「人と違った考え方を持つ」ということを、単純に悪いことだと考えてしまう人がいます。

会議の席で、「私も○○さんと同じ意見です」としかいわないような人。

何か買い物をする時、自分の価値観でものを選ぶのではなく、今どれが一番売れているかを基準にしてしまう人。

流行に弱い人。

長いものに巻かれろ、の人。

このような人は、恐らく「自分に自信がない人」なのでしょう。

自分に自信がある人は、自分ならではの価値観を持つ人、また自分の価値観を大切

にする人であるともいえます。

自分に自信がある人は、「私も○○さんと同じ意見です」というようなことはいいません。「私は、こう思います」というでしょう。「私も」ではなく、「私は」なのです。その商品が売れていようがいまいが、「自分が納得できるものを買いたい」と考えます。時々の流行よりも、自分の個性を大切に思います。

また孤立することを恐れて多数派に同調する、ということはしません。最後まで、自分の信じる道を貫くのです。

何があっても生き方を貫くことが大事

幕末に、土方歳三という人がいました。近藤勇と共に京都で新選組を創設し、江戸末期から明治に移行する時代の転換期の中で、大活躍した人物です。この土方歳三が、現代の若い人たちに、たいへん人気があるのです。彼の出身は東京の日野で、生家は資料館になっているのですが、そこを訪れる若い人が大勢います。

ところで、なぜ土方歳三が今、それほど注目されているのでしょうか。

私は、土方が最後まで自分への誇りと自信を失わず、また最後まで自分の生き方を貫き通したからではないかと思うのです。

薩摩と長州の連合軍が「鳥羽伏見の戦い」で幕府軍を破り、その後どんどん勢いを増すにつれて、新選組にも、また幕府軍の中にも、形勢不利と見て、薩長側に寝返ってしまう人が多くいました。

「負けるとわかっている戦はしたくない、どうせなら勝ち組に加わりたい」そう考えるのは、まあ、人情というものなのかもしれません。

しかし土方は最後まで幕府や自分の意志に忠誠を誓い、負けとわかっている戦であっても、堂々と戦いました。不器用に見えるほどの、その信念の固さ、また誇り高い生き方に、多くの人が感動するのではないでしょうか。

あなたも、自信がなかったら、この土方の生き方を参考にしてほしいと思うのです。

自分に自信を持って生きることができる人は、周りにいる人たちにも感動を与えます。生きていく勇気をもたらしてくれるのです。

人と摩擦を起こすことを恐れてばかりいると、いつか自分を見失っていく

人と摩擦を起こすことを恐れて、自分を主張できない人がいます。

その日、いっしょに食事をすることになっていた友だちが、「フランス料理を食べにいこうよ」といい出したとします。そんな時、本当は自分はフランス料理のようにバターをたくさん使った料理は苦手だし、できるならあっさりとした日本料理を食べたかったのですが、つい「そうね、いいね。私もフランス料理を食べたいと思っていた」などと相手の意見に合わせてしまう人です。

自分が本心をいえば、相手と意見が食い違ってしまいます。そのことで相手から、「何だ」と反感を向けられたくないのです。他人とは、どういう場合であれ、穏便な関係でいたいのです。ですから自分の本心を曲げてまで、相手の意見に合わせてしま

うわけです。何事においてもこの調子で、自分から「こうしたい、ああしたい」ということをいい出すことはめったにありません。何をするにも、相手の意向に素直に従っていくのです。

職場で上司から、ちょっとムリと思えるような命令をされても、「できません」などといったことはありません。内心は「ちょっと、つらいな」と思っても、明るく「はい」とうなずいて、いわれる通りにします。理不尽なふるまいをされても、黙って笑っています。いつも温厚でおとなしく、感情的になることなど、まずありません。

こういう人は確かに、周囲からは「あの人、とってもいい人ね」と評判がいいものです。いわば人格者に見られがちなのです。

不満が爆発する前に本心をさらけ出そう

しかし、一見協調性のある「いい人」に限って、内心は強い欲求不満を溜めていることも、よくあることです。自分の本当の気持ちを覆い隠してばかりいるので、少しずつ、少しずつ欲求不満が溜まっていくのです。

この欲求不満が突然、爆発してしまうことがきっとあるでしょう。ふだん、とてもおとなしかった人が、ちょっとしたことで、「これ、どうなっているんだ。ふざけるな。許せない」などと騒ぎ始めたりします。やさしい心を持っていたはずなのに、突然、人にいじわるなことをしたりします。自分の気持ちを抑え、がまんすることに、耐えられなくなってしまったのです。

人によっては、まったくやる気を失って、自分の殻にとじこもってしまう場合もあるでしょう。自分が生きているという実感が薄らいでいき、「自分は何をしているんだろう。自分は何を求めているんだろう」などと考えるようになります。

心にいつも疲労感が残っているため、人と会うことが面倒になってきます。そのために人との交際を避けるようになります。

表情に感情がなくなり、うつ状態になってしまう人もいます。

もちろん、自分のわがままを押し通してばかりではいけません。自分勝手なことをし放題では困ります。

しかし一方で、人と摩擦を起こすことを避け、人との協調性を重んじ、そのために自分を押し殺しすぎるのも、また困ったことなのです。

ある程度は、自分を主張していく。自分の素直な気持ちを人に伝える。「ああしたい、こうしたい」ということを訴える。イヤなことには、はっきりと「イヤです」という。そうしていかなければ、人は、生きていくのがつらくなってくるのです。

もちろん、人間関係が壊れてしまわないように、相手を怒らせてしまわないように、その「いい方」には注意しなければなりませんが、大切なのは「人と協調する」ということと、「自分を主張する」ということの、バランスを取ることです。

協調と主張、これは一見矛盾するもの、対立するもののように思われるかもしれませんが、そうではありません。むしろうまく折り合いをつけられれば、バランスを取っていけるものなのです。

人と人との「会話」と同じです。

一方的に自分がしゃべる。あるいは、ただ黙って相手のいうことを聞く。これでは会話は成り立ちません。会話はキャッチボールです。こちらがしゃべり、また相手の話に耳を傾ける。この「聞く」と「話す」の相互作用と同じです。

相手を受け入れることと、自分を受け入れてもらうこと、このキャッチボール、相互作用が、協調と主張のいいバランスを取るということなのです。

第3章
過ぎ去ったことを後悔しない

過ぎ去ったことを後悔するよりも、前を向いて歩いていこう

「ああ若い頃に、もっと勉強しておけば良かったなあ」

「あの時、あの人のアドバイスを素直に聞いておけば、現在のような苦しい状況に見舞われることはなかったかもしれない」

「やっぱり、あの会社に就職すれば良かった。どうして、こんな会社に入ってしまったんだろう」

そんなことをいう人が、たくさんいます。しかし、いくら「あの時、こうすれば良かった」と過去を悔やんでみても、もう、どうすることもできません。過去は、変えることはできないのです。「後悔、先に立たず」ともいいます。それを、いつまでも、「ああ悔しい、あの時ああしておけば」と後悔してばかりいると、「自分なんて、も

うダメだ」と、生きることに自信を失ってしまいます。

それでも、「どうやったら、過去の後悔を打ち払うことができるんですか。私には、いくら努力しても、できないんです」という人もいるかもしれません。

イヤな過去を忘れるには

そんな人のために、ある女性の話をしましょう。

彼女は恋人にふられてしまったショックから、私のところに相談にきたのです。

「初めから彼は、私のことなんて好きじゃなかったんです」と、彼女はいうので、よく話を聞くと、お金をだまし取られたらしいのです。

「結局、彼は私の持っていたお金が目当てだったんです。今お金に困っているから、ちょっと貸してもらえないかっていうことが何度かあったんです。私は、そのたびに、いくらかずつお金を渡していたんですけど、私だって、それほどお金持ちではありません。『もう貸せるお金はないの』といって、残金がなくなった通帳を彼に見せたんです。そうしたら、そのとたんに『別れよう』なんていい出すんです。私、やっと気づいたんです。最初から愛情なんてなかったんだ。それを見抜けずに、あんな男に気持ちを許した自分自身が悔しい。ああ、あんな男とつき合うんじゃなかった」と、彼女は涙を流しながら悔しがっていました。

本当に、もう立ち直ることができないのではないかと心配になるくらいの様子だったのですが、不思議なことに、次に私のところにやってきた時は、すっかり元気になっていたのです。

「私、この前の彼のことは、きれいさっぱり吹っ切れました」と、明るく笑いながら話すのです。

なぜ立ち直れたのかというと、実は、彼女には新しい恋人ができていたからです。その彼と結婚の約束もしているといいます。

もちろん、その相手は、以前の男のような人ではありません。話を聞いていて、それは私にも十分に理解できました。相手は誠実で思いやりのある、まじめな男性なのです。

女性は、次のようにいいました。

「過去のことを吹っ切るための方法は一つしかないんですね。それは、新しい喜び、新しい生きがいを見つけ出す、ということなんですね」と。

イヤな思い出にとらわれているとソンをする

過去のことを、いつまでもクヨクヨと悔やんでいる人は、「新しい喜び」「新しい生きがい」を見つけ出すことに目を向けていない人でしょう。あるいは、それを見つけ出そうとする努力を、まったくしていない人なのかもしれません。

しかし、いつまでも昔のことを悔やんでばかりいても、あなたの人生が明るいものになるはずもありません。どこかで、過去を断ち切らなければならないのです。

そして、過去を断ち切るためには新しい楽しみや新しく熱中できるものを探し出すしかありません。

それが見つかった時、あなたはもう過去のことを「ああしておけば良かった。どうして、こうしなかったんだろう」と悔やむこともなくなるのではないかと思います。

過ぎ去った後ろばかりを見ていてはいけません。

前を向いてください。前を向いて生きていけば、必ず、新しい喜びとなるもの、新しい生きがいとなるものが見つかるはずなのです。それが見つかった時、あなたはふたたび、生きることへの自信を取り戻すことができるはずです。

自分のやりたいことを貫けば、たとえ失敗しても後悔はしない

自分の気持ちに正直に生きている人は、あまり後悔などしないものです。

私たちの心に後悔という感情が生まれるのは、自分の気持ちを抑えて何かした時、自分の意に添わないことをしたような時です。

この不況で、リストラにあった男性がいました。彼は盛んに、「ああ、どうせ会社を辞めさせられるんだったら、あの時辞めて、独立しておけばよかった」と悔やんでいます。

今から十年ほど前のこと、知人が会社を創設して新しく事業を始めることになって、「できれば君にも手伝ってほしいんだ。役員として迎えるから、よろしく頼むよ」と誘われていたのです。彼自身、知人が始めた事業に加わってみたい、という意

思もありました。しかし奥さんが大反対したのです。「海のものとも山のものともわからない、そんな危なっかしい事業に加わって、もしうまくいかなかったらどうするの。収入も途絶えて、家族が路頭に迷うことになる。今勤めている会社は大手だし、このまま会社にいるほうが安全でしょう。わざわざ危険をおかすなんてバカげたことじゃない」というのが、まあ、奥さんの意見であったのです。

彼はしぶしぶ奥さんの意見に従って、知人の誘いは断りました。しかし、その後勤めている会社の業績が悪化し、彼はリストラされるハメになってしまったのです。ですから今になって、「あの時……していたら」などと後悔しているわけです。

周りの意見に流されてはダメ

もう一つ話があります。去年、ある地方自治体の職員になった若者ですが、彼は公務員になったことを後悔していました。

大学四年になって就職先を決める際、彼は本当は広告関係の仕事がしたかったのだそうです。ですから就職先も、民間の広告代理店に決めたいと考えていました。

しかし、彼の両親がそれに反対したのです。彼の父親もやはり公務員で、できれば息子にも公務員になってほしいと両親は考えていました。また民間の会社に就職するよりも公務員になるほうが、息子のためになると両親は信じていました。

結局、彼は親の意向に押し切られる形で、公務員になりました。しかし公務員になってみて、やはりその仕事にはやりがいを感じることができないでいたのです。そして、「やっぱり広告代理店に就職すればよかった」と今更、悔やんでいるのです。

この二人のように、人に説得され、人の意向に押し切られ、自分の本心を曲げて、違う方向に歩みを進めてしまうから、後悔が生まれるのです。

本心を曲げなければ幸せな人生が送れる

もう一人、今和歌山県の山奥で、炭焼きをしながら暮らしている青年がいます。

学生の時に、たまたまその地方を旅行していて、一人の炭焼き職人に出会い、その人と話をしているうちに、炭焼きという仕事、炭焼き職人という生き方にすっかり魅了されました。そして大学を卒業したら、自分も炭焼き職人になると決心したのです。もちろん両親は反対したそうです。友人たちにも賛同してくれる人はいませんでした。「炭焼きなどという仕事は、大学までいった人間のやることではない」という理由です。それでも彼は自分の意思を押し通し、炭焼き職人になりました。

とはいっても、肉体労働ですから体もきつく、収入も安定しません。人里離れた山の中の生活ですから、若い彼には寂しく感じられることもあるといいます。時には、この仕事がイヤになることもあるそうです。

しかし彼は、炭焼き職人になったことを「後悔はしていません」といっています。なぜなら彼は、「自分が好きな道に進んだのですから」というのです。

自分が本心からやりたいこと、こうしたいと思うことをしていれば、決して後悔は生まれないのです。たとえ、そこで挫折し、手痛い仕打ちを受けたとしても、後悔という感情は生まれません。先のリストラされた男性にしても、十年前に知人の事業に参加したいという気持ちを押し殺さずに行動しておけば、たとえその事業が失敗したとしても、彼の心には後悔は生まれなかったのではないでしょうか。

公務員になった若者も同じことで、広告代理店の仕事がどんなにつらいものであったとしても、自分の希望のままそこに就職していれば、後悔はしなかったはずです。むしろ、自分の意志を貫いたという、すがすがしい自信が残ったのではないでしょうか。

素直に感情を表してみよう。そのほうが人から受け入れられる

イヤなことは、イヤだという。

うれしいことは、うれしいという。

好きなことは、好きだといってみる。

腹が立った時は、素直に怒る。

このように「自分の感情を素直に表す」ことは、「後悔のない人生を送る」ために、また大切なことです。ところが前項で述べたように、周囲の人たちの意向を気にして、自分の気持ちとは反対のことをするから、やがて後悔が生まれるのです。「あの時、ああしていれば」と自分の取った行動を悔やみ、「なんて愚かだったんだ」などと自分を否定するようなことを考えることになるのです。

自分の生き方に自信を失い、力強く生きていく積極性を失ってしまいます。

いいたいことをがまんするとストレスが溜まる

知り合いのご夫婦に、こんな人たちがいます。とにかくお互いに思ったことをズバズバいう性格で、「どうして、おまえは要領が悪いんだ」とか、「あなたっていくじがない男なのね」などと、一見ひどいことばかりいい合っているのです。

こういう夫婦ですから、周囲にいる人たちは、「きっと、この二人は仲が悪いに違いない。もうすぐ離婚してしまうだろう」と考えているのですが、実際は、ことのほか仲がいいのです。不思議なことだと思いませんか。

本人たちが、「いいたいことをいい合って暮らしていくほうが、あとくされがないから…いくら夫婦といっても、相手に腹が立つこともあります。頭にくることもあります。その時は、そういう思いを正直に相手にぶつけたほうが、後々イヤな思いを引きずらなくて済むんですよ」というのです。

腹が立つこと、頭にくることを隠していることで、ストレスが溜まる。そんなストレスを溜めるよりも、いいたいことはいい合って、お互いにスッキリとした気持ちで暮らしていくほうが人間関係はうまくいく、ということなのでしょう。

「ただし、その半面、相手のいいところを見つけた時は、それをほめたり、また『愛している。好きだ』という愛情表現もすることも十分にやっているのだ」と、このご夫婦は語っていました。

確かに、「会話がなくなった夫婦ほど危ない」とは、よくいわれることです。「会話がない」ということは、つまり、相手に「いいたいこと」があっても、それを黙っていることです。自分の気持ちを隠してしまって、それを相手にわかってもらう努力をしなくなる、ということです。実は、そういう夫婦ほど内心は、相手のことを不満に思っていたり、悪く思っている、ということなのでしょう。

まあ、どちらにしても、自分の気持ちに正直に生きるということは、自分の人生を後悔しないためにも、また自分たちの周りの人間関係の絆を強くしていくためにも、大切なことなのです。自分の気持ちを素直に表現できるようになってこそ、生きる自信がわいてくるのです。

いいたいことをいい合ったほうが、人間関係は深まっていく

日本料理店を営む、ある料理人から、面白い話を聞いたことがあります。

店にやってきたお客さんで、たまに、「この竹の子を使った料理は、それほどおいしくないね。もっと工夫をしたほうがいい」「この料理の飾りつけは趣味が悪いね」などと文句をいう人がいるというのです。創意工夫をこらして、一生懸命に作った料理に文句をつけられるのですから、料理人としてはショックです。

もちろん「申し訳ありませんでした」と頭を下げますが、面と向かって、おいしくない、趣味が悪い、もっと工夫をしたほうがいい、などと料理に文句をいわれれば、もちろん腹も立ちます。

ただ、腹を立てているのは、そのお客さんとしても同じことでしょう。料理人に向

かって直接「まずい」と文句をつけるくらいなのですから、怒り心頭で、もう二度ときてくれないかもしれません。

店側としてはそう考えるのが当たり前なのかもしれませんが、真実は違うのです。「文句をいうお客さんは、必ずもう一度店にやってくるんですよ。そして、そのまま常連客になってくれるお客さんも多いんですよ」と、その料理人はいうのです。

むしろ「まずい」とも「うまい」とも何もいわずに、黙って無表情のまま帰っていくお客さんのほうが、店に二度ときてくれないことが多いそうです。

ですから、「文句をいってくれるお客さんほど、大歓迎なんです」と、その料理人は笑っていました。人には、そういう心理があるのかもしれません。つまり「文句をいう」ことは、必ずしも、敵意や憎悪の表現ではないということです。

苦言をいわれても気にしないこと

職場の上司は、見込みのある部下しか叱らない。「この人は、きたえれば、優秀なビジネスマンになってくれるかもしれない」と思えるような部下にしか怒らない。そんな話も、よく耳にします。

そういう意味では、出された料理に文句をいうお客さんは、「この料理人は、なかなか見所がある。腕がいい」と内心感じているのでしょう。

だから「また、やってくる」のです。

「また、やってくる」ということは、実は「気に入っている」証拠なのです。

「良き人間関係」とは、「いいたいことをいい合える関係」のことをいうのかもしれません。

心に感じたことは、相手を傷つけずに素直な言葉で相手に伝える。そのほうが、より人間関係が深まっていくのでしょう。それは、「ああ、こんな人間とつき合うんじゃなかった」と、後悔するような人間関係ではなかったということです。

「あんな人だとは思わなかった。だまされた」などと、人間関係で後悔することが私たちには、よくあることです。そのような後悔をしないためにも、素直な感情表現を心がけていくほうが、人間関係で失敗することは少ないでしょう。

自分の気持ちを隠しながら人とつき合ってはダメなのです。「自分には、人を見る目がない」と自信を失うことにもなりかねません。

思い立ったら即座に行動しよう。「明日でいいや」と考えるから後悔することになる

私の好きな諺《ことわざ》に「思い立ったが吉日」というのがあります。

これも後々に後悔を残さない一つの知恵なのだと思います。

「これをしよう、ああしたい、ということが頭に浮かんだら、その日が一番いい日だ。すぐに行動に移したほうがいい」という意味です。さらにいえば、すぐに行動せずに「後でいいや」などと考えていると、だんだん面倒になってきて、結局何もしないまま終わってしまうのだ、という意味もあるのでしょう。「鉄は熱いうちに打て」という諺もあります。この諺にも同じような意味があります。その意志がある時に鉄を打っておかないと、そのうちに鉄は冷えて固まってしまって打てなくなってしまう。つまり、行動するのが面倒になってしまう、という意味です。

かけ声ばかりで行動が伴わない人

株式投資を始めた人がいました。

株関係の本を読みあさったり、株式新聞の隅々まで目を通したり、証券会社の担当者にいろいろと相談したりして、「ひと儲けしよう」とがんばっています。

そして、将来的に価格が上がりそうな銘柄を見つけると、うれしそうに私のところにやってきて、「この株がいけそうなんですよ。これなら絶対に儲かります。間違いありませんよ」などと話すのです。さて数日経ってから、「あの株を買ったんですか。もうかりましたか」と聞くと、「いや、後でよく考えると、あの株に投資してだいじょうぶだろうかと心配になってきて、買うのをやめたんですよ」といいます。

実は、この人は、毎回毎回この調子なのです。「これだ」と思う株が見つかっても、「よく考えると心配になってきて、やめた」と、こんなことを何度も繰り返しています。ですから、いつまで経っても、株で儲けることなどできません。

ついに、その人は「私は、やっぱり株式投資の才能はないようです」といって、株をやめてしまいました。この人は単に「才能がなかった」のではないのでしょう。ただ「行動に移さなかった」だけなのです。

もし、この人が、「これはいける」と思った株を、すぐに買っていれば、本当に大儲けできたかもしれません。もちろん、将来のことは誰にも予想はできません。投資した株が値下がりし、損を出すこともあるでしょう。しかし、それはそれでよいのではないでしょうか。

行動の結果失敗しても、それは明日へとつながる

損を出したことが「いい勉強」になるのです。こういう場合は、いくら「これはいける」と思ってもリスクを背負わなければならないのだな、と一つ知識が増える。そういう知識をたくさん自分の中に蓄えていくことで、投資の仕方がうまくなっていくのです。

実際に株式投資で非常に儲かっている人物に話を聞いたことがあります。その人は今では、「私が投資する株は絶対に間違いありません。必ず儲かります」と自信を持って公言していますが、実は当初は、失敗した経験もたくさんあったそうです。

しかし失敗を重ねていくうちに、いい株と悪い株の見分けがつくようになってきた

というのです。失敗から多くのことを学んで、今の自分があるということでしょう。とにかく実際に行動してみなければ、何も学ぶことができないのです。

何事においても、そうではないでしょうか。

あなたが職場で、「こうしたら、仕事がうまくいくかもしれない。大きな事業になるかもしれない」というアイディアを思いついたとします。しかし、「もし失敗したら、責任を負わされるかもしれない」という心配が先に立って、結局そのアイディアをお蔵入りにしてしまう。企画書を書いたり、上司に相談したり、会議にその企画を提案することもなしに、そのままにしてしまったらどうでしょう。

これでは、いつまでも「大きな仕事」などすることはできません。出世もできませんし、会社で重要なポストに就くこともできないでしょう。失敗を恐れて何もしない。そういう人に「自信」は生まれません。たくさんの失敗をする。そのことによって、多くのことを学んでいく。そしてその知識をもとにして、次には成功を導く。そうしていくうちに、自分への自信、仕事への自信は、少しずつ育っていくのです。

思い立ったら、まずはアクションを起こしてみる。これが自分の人生を切り開いていく第一歩となるのです。

むやみに他人と自分を比べないほうがいい。それが自信を失う原因になる

何かと「人と自分を見比べる」、こういうことも、自分に「自信を失う」ことの大きな要因の一つです。

たとえば、

・自分と同じ年齢の人が、自分の何倍もの収入を得ている。

・「あんな性格の悪い人は、絶対に結婚なんてできない」と思っていた同僚が、自分よりも早く、それも自分の恋人よりもずっとすてきな相手を結婚してしまった。

・自分よりも学歴の低い人間が、先にどんどん出世していった。

さて、このような現実に直面した時です。

どのような人であれ、自分のほうが人よりも劣っているように見えてきて、「なん

だか、むなしいなあ」という気持ちにさせられてしまうのです。

無力感に陥り、自信が揺らいでしまうのです。

ですから、むやみに人と自分を見比べるようなことはしてはいけません。

自信は簡単なきっかけで砕け散る

画家志望の、ある女性の話をしましょう。

彼女は子供の頃から、とても絵を描くことがうまい少女でした。彼女自身、「私は絵がうまい」という強い自負心がありました。

当然のこと、彼女は高校を卒業した後は、上野の芸大に進学する希望を持っていました。そして、その希望通りに、芸大に現役で合格することができたのです。

芸大といえば、芸術系の大学の中で、難関中の難関です。何年浪人しても合格できないでいる人が大勢いるのです。そのように入学することがむずかしい大学に現役で合格することができたのですから、彼女は有頂天です。「絵がうまい」という自負心は、一層強いものになったのです。

しかし、その自信は入学後、すぐに打ち砕かれてしまいます。芸大で絵を描いていいる学生たちは、みな、自分よりもずっと絵がうまい人たちばかりだったからです。彼女など、芸大の学生の中ではせいぜい平均点ぐらいのうまさでしかなかったのです。

彼女は、これまでの自分が思い上がった人間であったこと、しょせん「井の中の蛙《かわず》」でしかなかったことをイヤというほど思い知らされてしまいました。そして、すっかり自信を失って、「もう大学をやめてしまおうか」とまで考えたのです。

人生は千差万別ということに早く気づこう

しかし彼女は思いとどまりました。ある大切なことに気づいたのです。

「人と自分を見比べて、『あの人のほうがうまい』と落ち込む。『自分のほうが上手だ』と悦に入る。そんなことをしていても何の意味もない。芸術の本質は、うまい、へた、ということではないのだ。『自分にしか描けない絵を描く』ことなのだ。個性を発揮することなのだ。それができれば、うまかろうが、へただろうが、どうでもいいのだ」と、彼女は、そう考えるようになったのです。そして、そう考えることができた時、ふたたび生きることへの自信がわいてきたのです。

このことは「芸術」のことばかりではないように思うのです。

たとえ人よりも収入が低かろうが、婚期が遅れようが、学歴が低かろうが、「これが私の生き方だ」という強い信念があれば、決してその人は不幸ではないのです。人にとって一番の幸福は「自分の生き方に満足する」ということです。しかし人と自分を見比べている限り、この満足は生まれないのです。人と何かを見比べて、いつも落ち込んでいるような人、自分の人生を後悔ばかりしているような人には結局、「これが私の生き方だ」という強い信念がないのでしょう。

自分の生き方に信念がある人は、もともと人と自分を見比べるようなことはしないものなのです。いい意味で、人は人、自分は自分という境界線がしっかりとできているからです。

人の人生をうらやましがったりしてはいけません。それは引いては、生きることそのものに対する自信を失うことになってしまうからです。他人の人生を見るよりも、まずは自分の人生を見てください。自分の人生を模索する努力をしてください。「私は、こういう人生を歩んでいきたい」という、しっかりとした目標が定まれば、もう人と自分を見比べて一喜一憂することなどなくなるでしょう。

人は悩みながら、少しずつ成長していく

自分の人生を後悔してはいけない。後悔することで、生きていくことの自信が失われていくのだと、ここまで述べてきました。

ただ多少、これとは矛盾することもいっておきましょう。

というのも、「後悔する」ということは必ずしも、悪い面ばかりを持っているわけではないからです。

ある陶芸家が、こんな話をしていました。

「今までにずいぶんたくさんの作品を作ってきたが、これまで『これは完璧だ。100パーセント満足だ』と思えるような作品など一つもなかった」というのです。

どのような作品であれ、「ここを失敗した」「もっと、こうしたほうが良かった」と

思うところが一つか二つ出てしまうというのです。

後悔したまま終わるのか。それとも…

まさに「後悔の連続ですよ」と語っていました。

しかし、ふたたび作品に向かえば、また闘志がわいてきて、「よし、今度こそ、いいものを焼き上げてやる」と誓うのです。

大切なのは、ここです。

ただ単に後悔して、そこで終わるのか。

それとも、後悔することをバネにして、さらに自分を向上させようと考えるのか。

後悔はしてもいいのです。

自分に自信を失って悩むことは、何も悪いことではありません。

「自分は一体、これまで何をしてきたんだ」

「自分は、これから何をすればいいんだ」

と、そんな思いにとらわれることは、誰にだってあることなのですから。

しかし、そこで終わってしまってはダメなのです。

先の陶芸家のように、後悔することをバネにして、自分を向上させようという意志をもたなければいけないのです。

この前向きな意志さえあれば、後悔することで、生きることへの自信を失うようなことはありません。むしろ、より大きな自信を生み出す原動力にもなるのです。

そういう意志がなく、ただ後悔ばかりしていると、生きることがつらくなってしまうでしょう。自信が失われていくのです。

さて、あなたの「目指すべきもの」は何でしょう。

あなたの理想、あなたの夢は何でしょう。

それがない人は、一刻も早く見つけ出す努力をしてほしいと思います。

第4章

心がわくわくするものを見つける

「ここぞ」という時に実力を発揮するために、リラックスできる時間を大切にしよう

ある女性マラソン選手がいました。彼女は、当初はそれほど目立ったマラソン選手ではありませんでした。人一倍よく練習し、また能力的にもすぐれたものがあったのですが、マラソンの試合になると思ったような記録を出すことができません。実力的にはトップクラスの才能を持ちながら、いかんなくその才能を発揮することができず、平凡な記録しか残せなかったのです。彼女自身、大いに悩みました。

「どうすれば、もっといい記録を残せるのか。どうすれば勝てるのか」と。

結局のところ、答は一つしか出ませんでした。以前にも増して練習に打ち込むことでしかなかったのです。

「人が一日30キロ走るのなら、自分は40キロ走ろう。人が一日四時間練習に費やすの

であれば、自分は五時間練習しよう」

しかし練習量を増やしても、やはりダメなのです。いい結果が出ません。彼女は気持ちがあせって、さらに練習量を増やしていきました。その結果、限界を超え、体を壊してしまったのです。仕方なく、彼女はしばらくの間、休養を取ることを余儀なくされました。ただ休養とはいっても、内心は、「自分はもう現役に復帰することはムリかもしれない」という覚悟はあったようです。

肩の力を抜いて、やりたいことに挑戦

そんな時に、たまたま彼女にプロポーズする男性が現れて、彼女は結婚しました。子供も産みました。家庭の主婦となり、子供ができてみると、「もうムリをしてまで、マラソン選手に復帰することはない。私は今、幸せなのだから」と彼女は考えるようになりました。ただ、走ることの好きな彼女は、育児や家事の合い間に、ほんの趣味程度のマラソンの練習を再開することにしたのです。

それから間もなくして、驚くことが起こりました。彼女は、結婚する以前よりもずっといい記録が残せるようになったのです。今ではママさんランナーとして、様々な

大会で、これまでにはないような活躍するまでになりました。

しかしなぜ、結婚し、子供が産まれてから突然のように才能が花開き、記録が飛躍的に伸びたのでしょうか。子育てに取られる時間もありますし、洗濯や掃除もしなければなりません。当然、思うようにマラソンの練習はできないはずです。

彼女は、「たとえ短い練習でも、集中してできるようになったような気がします。練習というのは、ただ長い時間をかければいいというものではないのですね。いかに集中して、内容の充実した練習ができるか。そのことが大切なのです。また子育てや家事が、いい気分転換になっているようにも思います。そういう、気分転換の方法があるからこそ、練習に集中できるし、大会の際にも力を発揮できるのだと思います」といっていました。

メリハリをつければ物事ははかどる

ある飲料メーカーで商品開発を担当している男性も同じことをいっていました。

「一日中、うんうん頭を悩ませて仕事のことを考えていても、いいアイディアは浮かばない。外に出て、そこらをブラブラ散歩したり、趣味に熱中してみたり、仕事とは関係のない本を読みふけったりして、心身がリラックスできる時間を生活に取り入れてこそ、ここぞという時に集中力が発揮され、いいアイディアも思い浮かぶ」というのです。労働時間が長ければ長いほど、いい仕事ができるのかといえば、そういうわけではないということですね。先の女子マラソン選手の言葉と同じです。

あなたも、「最近ちょっと疲れているかな。何か、頭の中がボーとして、頭の働きがにぶってきたようだ」と感じる時には、思い切って仕事から離れて、気分転換をはかってみてはどうでしょう。

たとえどんなに仕事が忙しくても、どうしようもなく疲れている時に、それ以上仕事を続けたら、かえって能率が悪くなるばかりでしょう。

生活にはメリハリが大切です。いつも張り詰めた気持ちでいれば、そのうちに神経がまいってしまうかもしれません。時には気持ちをゆるめたり、時には気持ちを緊張させたりというメリハリが大切なのです。リラックスできる時間をもち、メリハリある生活ができてこそ、ここぞという時に集中力が生まれ、いいアイディアも思い浮かび、また、いい仕事もできるのです。そこから当然自信も生まれてくるのです。

「がんばる」と「遊ぶ」のメリハリをつけて生きてみよう

仕事をする時は一生懸命になって働く、遊ぶ時には心から楽しむ、がんばる時にはがんばる、休む時には何もかも忘れて休む、といったように、生きることにメリハリを持つことは、とても大事なことです。

メリハリのない生活を送っていると、精神的にも肉体的にも疲労が溜まっていくばかりで、何事にも集中力をなくし、最後には生きているのがむなしくなってきます。生きることに自信を失って、「もう、どうでもいいや」と投げやりな気持ちになってしまうのです。

精神医学では、次のような人は「うつ病」になりやすいといわれています。

・責任感が強く、まじめすぎる人

・これといった趣味のない人

もちろん「責任感が強い」「まじめに生きる」ことは、何も悪いことではありません。いいかげんな気持ちで生きるよりも、まじめに生きるほうが、高く評価されるに決まっています。

「まじめ」人間ゆえのメリット・デメリット

しかし、「まじめすぎる」「責任感が強すぎる」ということには問題があるのです。なぜかといえば、こういう人は、生活が仕事一辺倒になりやすいからです。

朝早くから夜遅くまで、人によっては休日を返上してまで働きます。その間、気晴らしをするという時間がほとんどないのです。「趣味がないことが、どうしていけないのですか」と不思議に思う人がいるかもしれません。しかし趣味を持つことによって、生活が仕事一辺倒になることを避けられるのです。一日のうちにわずかな時間でもいいから、趣味に没頭する時間を作る。このことによって、ひとときではあっても、頭の中を仕事のことから切り離すことができるのです。

趣味を持たない人は、これができません。ですからどうしても、一生懸命に働き、思いっきり楽しむという生活のメリハリがなくなってしまうのです。

生活のメリハリがなくなっていくと同時に、心の動きもなくなっていきます。うれしいとか、悲しいとか、面白いといった、ある意味人間的な感情がなくなっていき、何を見ても何を聞いても、心を動かすことができなくなります。心が、まるで死んだようになってしまうのです。

落ち込むことがあった時、苦しい状況に追い込まれた時、そのような状況から脱出するために必要になるものは何でしょうか。それは精神的な力です。「生命エネルギー」といってもいいかもしれません。しかし生活のメリハリがなくなり、心が死んだようになってしまった人は、この逆境を跳ね返す「生命エネルギー」もなくなっているのです。

何か自信喪失してしまうような出来事に見舞われると、そこから立ち直れなくなってしまい、その結果「うつ」となってしまうのです。

生活にメリハリをつくる、また、いつもイキイキした心の状態を保つために、もっとも手軽な方法は趣味を持つ、ということです。

なぜ趣味を持つことが、これほど大切なのかについては次項で述べましょう。

「イヤなこと」をした分だけ、思いっきり「好きなこと」に熱中しよう

知人のある男性は、カラオケで歌うことが趣味です。職場で上司に怒られたり、仕事がうまくいかないことがあったりして、自分に自信を失い、落ち込んだ時には、会社の帰りにカラオケボックスに一人で立ち寄り、心置きなく好きな歌を歌いまくるのだそうです。二時間も歌っていれば、イヤな気分がすっかり消えてしまいます。失いかけていた自信を取り戻すことができ、「よし明日から、またがんばるぞ」とファイトがわいてくるそうです。

何でも、いいのです。油絵を描くことでも、手芸をすることでも、オートバイを乗りまわすことでも、おいしいものを食べ歩くことでも、映画や音楽を鑑賞することでも、何でもいいですから一つか二つ、心から熱中して楽しめる趣味を持つことを、み

なさんにもお勧めします。

イヤなことと好きなことのバランスをとる

先に、うつ状態になりやすい人の特徴の一つに「趣味がない」ということをいいました。このような人は結局、趣味を持たないために、気分転換をすることができないのです。ふつうの人がこの社会で生きていれば、自信を失いそうになることは、たくさんあります。そういう時に暗い気分から早く立ち直ることができる人ほど、幸福にこの人生を生きていけるのです。その意味でも、趣味を持つことは、とても役立つでしょう。

特に社会人になって、会社で働くようになれば、本当はやりたくない仕事もイヤイヤながらしなければなりません。営業の仕事をやりたかったのに、意に反して事務系の職場にまわされてしまった、ということもあるでしょう。

「こんなことをして何の意味があるのか」と疑問に思う仕事であっても、上司の命令だから仕方なくやっている、ということもあるでしょう。

人間関係でも、内心は「なんてイヤなヤツなんだろう」と思う相手であっても、その人が大切な得意先の担当者であれば、穏便につき合っていかなければなりません。しかし、イヤイヤながら、仕方なくばかりでは、そのうちに生きることがつらくなってきます。仕事に自信を失って、「もう会社へ行きたくない。働きたくない」ということになりかねないのです。

そういう時こそ「イヤなこと」をした分だけ、「好きな趣味」に熱中して、心に溜まったストレスを発散することです。そうすることで、本当はしたくない仕事であっても、やりがいを持ってはつらつと取り組むことができるでしょう。つき合いたくない相手であっても、明るい笑顔で接することができます。

そんな、いつどんな時でも元気いっぱいで働いているあなたの姿を見て、あなたの上司は、「彼は、やる気まんまんだな。よし今度、新しく始まるプロジェクトを彼に任せてみよう」と、心からやりがいを持てる仕事をあなたに任せてくれるでしょう。「イヤな人だ」としか思えなかった得意先の担当者も、何かとあなたを引き立てて面倒を見てくれるようになるかもしれません。

「イヤだなあ。面倒だなあ」と暗い表情ばかりしていたのでは、そんな幸運もめぐってくることはないのです。生きる自信も失われてしまいます。

ワクワクする感動が、生きることを楽しくしていく

あなたは最近、何かに心をワクワクと踊らせたという経験があるでしょうか。

何でも、いいのです。

「好きな人から電話をもらった。すごく、ワクワクした」

「来年から新しいプロジェクトが始まる。やりがいのある仕事になりそうだ。今から、ワクワクしている」

「今度、自分が書いたエッセイが、本になることになった。ワクワクする」

他にも、いろいろあるに違いありません。

もしも、ここで、「最近、ワクワクしたことなんて一つもありません。毎日が無感動のまま過ぎ去っていくのです」という人がいるとすれば、その人は、不幸な人に違

いありません。

ちょっとしたことでも感動体験はできる

人は「ワクワクする」という体験をたくさん持つことによって、この人生を楽しく幸福に生きていけるのです。ある女性は最近、モヤシを育てることに、とてもワクワクさせられるのだそうです。もともとは食べることを目的に、台所の片隅に小さな容器を置いて、そこでモヤシを育てていたのです。しかし、そのうちに、モヤシが育っていく様子を観察することが楽しくなってきたそうです。

モヤシは一日一日、目に見える形で、よく成長します。「あ、昨日よりも大きくなっている」ということが、ひと目でわかります。そのことに気づくと、「何かとてもうれしくなる」と、彼女はいいます。「ワクワクするのだ」というのです。

「モヤシみたいな、ヒョロヒョロで、いかにも頼りなさそうな生き物でも、日々たくましく成長していくんだ」と感動させられるそうです。

特に、勤めている会社で何かイヤなことがあって落ち込んでいる時は、台所で栽培しているモヤシを眺めながら、「このモヤシだって懸命に生きている。私だって、もっとがんばらなくちゃ」と自分にいい聞かせるそうです。

「モヤシによって、私は励まされているんです」と彼女はいっています。

みなさんも、つらいことがあった時、苦しい時、悲しい時、そのような時に自分を励ましてくれる何かを身近なところに置きながら暮らしてみてはいかがでしょうか。

これも「自信を持って生きていく」ための一つのコツでしょう。

好奇心を持つことを忘れていない？

ところで、「私にはどうしても、ワクワクするような楽しいことを見つけることができません。ワクワクするものを見つけるためには、どうすればいいですか」と尋ねる人もいるかもしれません。

そういう人には、こうお答えしたいと思います。

それは「好奇心」を持つということです。

先ほどの女性も、好奇心が旺盛な人なのでしょう。好奇心旺盛な人でなければ、単に食用に栽培し始めたモヤシが日々どんどん成長し、またその成長する様子に感動するといったことなどないのではないでしょうか。

よく、ちょっとした気晴らしに、そこらを散歩するという人がいます。

この「散歩する」ということに関しても、好奇心を持ちながら散歩するのと、何にも好奇心を持たずに散歩するのでは、まったく楽しさが違ってくるのではないかと思います。ある知人は、野鳥を観察するのが好きです。散歩に出る時には、木陰や家の屋根の上や、そこらをキョロキョロ見まわしながら歩き、鳥を探します。

「珍しい野鳥などを見つけると、心が躍るようにうれしい」というのです。ですから、この人にとっては、散歩をすることがとても楽しいわけです。

こういう好奇心、楽しみを持たない人にとっては、散歩は、ただひたすら歩くということだけの意味しかありません。

「生きる」ということに関しても、同じなのです。いろいろなことに好奇心を持ち、ワクワクするような体験があるからこそ、生きることが楽しいのです。

「あの人は、どんな人だろう」「最近、どんな歌が流行しているのかしら」「こんなところに古い銭湯があるのね。今度行ってみようかしら」と、こんな好奇心をもてるからこそ人との出会いがすばらしいものになり、知識が広まり、未知の、ゾクゾクするような体験をしながら生きていけるのです。

いつも新しいことに挑戦し続けることによって、いつまでも「輝く存在」でいられる

毎年、四月頃になると、街角でよく紺の背広をピシッと着こなした若い人たちの姿を見かけます。

その年に社会人になった新入社員たちです。

ところで彼らは、傍目から見ていても、本当に光り輝いて見えます。みんな表情がとても明るく、イキイキとしているのです。

なぜ、そんなふうに見えるのでしょうか。

それは、この若者たちの心が期待感でいっぱいだからではないでしょうか。

「社会人になったからには、がんばるぞ。大きな仕事をしてみんなをあっと驚かせてやるぞ」という大きな夢を持って、期待に胸をふくらませているからでしょう。

さて、このような若者たちも、実際に会社の中で働くようになって二年たち、三年たちするうちに、残念ながら新入社員であった頃の「輝き」を失っていきます。仕事に慣れるに従って、働くことがマンネリ化していき、かつて抱いていた期待、ワクワクするような胸の高鳴りを失ってしまうのです。

しかし、もちろん、すべての人が、そういうわけではありません。会社で働くようになってから何年たっても、若かった頃の「輝き」を失わない人もいます。それは、その人たちが、働くこと、生きることに対し、マンネリにならないよう絶えず努力しているからなのです。

マンネリにおちいらないために

さて仕事や人生がマンネリにならないために必要になることは何か。それを考えてみたいと思うのです。

それは、絶えず新しいことに挑戦し続けるということではないでしょうか。そうすることによって、いつも自分の心を新鮮な状態に保っておくことができるのです。

「今日のわれは、昨日のわれにはあらざるべし」

これは、ある著名な経営者の言葉です。

「昨日やっていたことと、同じことをしていてはいけない。今日という日には、また昨日とは違った新しいことに挑戦して、〝昨日のわれ〟から生まれ変わった新鮮な自分にならなければいけないのだ」という意味です。

「時代は刻々と変化している。消費者のニーズも、社員の意識も、現状を維持しているわけではない。それに合わせて自分も生まれ変わっていかなければならないのだ。そうしなければ、いつか時代の流れに取り残されて、会社経営もうまくいかなくなるし、自分自身も不幸になる」というのが、この言葉の意味でしょう。

楽なほうを選んでいてはソンをする

この経営者自身が、この言葉を座右の銘として、いつも自分にいい聞かせているのだといいます。

「人はだれでも怠け心をもっているから、つい昨日やっていたことと同じことをしていればいいと考えがちだ。だから、いつも自分にいい聞かせておかないとダメなのだ」

とその経営者は語るのです。確かに、そういうものなのでしょう。

何も新しい挑戦をせずに、昨日のままでいることほど、楽なものはないのです。

人が往々にしてマンネリにおちいってしまうのは、それが「楽なこと」であるからです。しかし、いつまでも、この「楽なこと」にひたっていると、ワクワクするような心の感動も失われ、輝きもうせてしまいます。

新しいことに挑戦することは、勇気がいることです。一歩間違えれば、大きな失敗を招く危険性もあります。しかし、それを恐れていたのでは、新しいことはできません。生まれ変わっていくこともできません。

やはり勇気を出して、新しい分野へ足を踏み入れていくべきなのです。

先ほどの経営者ですが、「感性を磨く」ということも大切だと語っていました。

「感性が鈍い人間は、新しい時代の流れ、新しい流行、新しいニーズといったものを感じ取ることができなくなるからだ」といいます。

感性を磨かないと新しいことに挑戦することもできなくなるのです。

仕事や生き方がマンネリになれば、この感性もどんどん鈍っていくのではないかと思います。

好奇心と趣味が、その人の人間的な魅力を作っていく

よく、「人間的に魅力のある人になるためには、どうすればいいですか」と聞かれることがあります。その答えの一つは、「いろいろなことに好奇心を抱き、また仕事以外の趣味を持つ」ということではないでしょうか。

建築物の設計を仕事にしている人がいます。その人に会うと、必ず話題になるのは建築物の話です。「丸の内に今度できた、あのビルの構造は」とか、「あの吊り橋を支えているのは」とか、「今の住宅には、多少問題があって」といった話です。

最初のうちは面白く聞いていたのですが、正直いって、だんだんアキアキした気持ちになりました。その人の話題は、とにかく建築物のことしかないのです。ですから会っているうちに「聞き飽きて」しまうのです。往々にして話題が専門的な分野にま

で及ぶので、聞いていてチンプンカンプンになってしまいます。

話題の少ない人はソンをする

確かに、仕事熱心な人なのでしょう。頭の中は、いつでも仕事のことでいっぱいです。けれど、この人に「人間的な魅力があるか」といわれれば、そうではないように思うのです。もちろん仕事のことを話題にするのは、悪いことではありません。

しかし、仕事の話ばかりではなく、

「今ね、すごく熱中していることがあってね。実は釣りなんだけど、この前の休日にいった銚子の海は…」

「神社には必ず、狛犬《こまいぬ》がいるでしょう。あの狛犬は、地域によって特徴があってね。たとえば近畿地方では…」

「このまま不況が続くと、中小企業はたいへんだよ。最近銀行の融資がますます受けにくい状況になっているし…」

「イチローは大リーグにいって本当に良かったと思うよ。あのまま日本にいても…」

といったように、趣味や、雑学、社会一般、スポーツなど様々なことを話せる「話題が豊富な人」とは、会って話をしていて、とても楽しいものです。また、「この人は魅力のある人だなあ」と感じさせるものがあるように思うのです。

頭の中には仕事のことだけ。そういった人からは、なかなか人間のハバが感じられません。それに比べて話題が豊富な人からは、ハバのある、懐の深い人間性を感じることができるのです。それが、私たちの目に魅力となって映ります。

何でも体験し、何にでも興味を持とう

さて好奇心の旺盛な人、たくさんの趣味を持っている人は、自然に様々な分野に興味を持ちますから、話題も豊富になっていきます。これが好奇心、そして趣味を持つことの大切さなのでしょう。単なる知識ばかりではありません。実際にいろいろなことを体験したという人にも、大きな魅力が感じられるものです。

自転車でアジア大陸を横断したとか、日本全国の秘湯を歩きまわっているなど、そういった普通の人では体験できないようなことをたくさんしている人にも、「すごいなあ。魅力がある生き方だなあ」と感じるものです。また、そういう体験も、やはりその人の旺盛な好奇心と、豊かな趣味から生まれ出るものではないかと思います。

とにかく人間的に、たくさんの魅力を持つ。そのことで多くの人から慕われる。これも生きていく自信を育てていくための、大切な要素でしょう。

ところで、余談になりますが、ちょっとした好奇心を持ったことにより、人生が一変してしまった人の話をしましょう。十数年前、日本で初めて「日本語ワープロ」が売り出された頃のことです。

彼は、ワープロのテレビコマーシャルを見ながら、ふと「ワープロって、どんなものだろう」という好奇心を抱きました。そして、これといった目的はなかったのですが、さっそく電気店でワープロを買い求めたのです。

しかし実際、身近なところにワープロがあると、「やっぱり使わなければ、もったいない」という気持ちがしてきたのです。

そこで彼は「暇つぶしに、小説でも書いてみるか」と思い立ちました。

書き上げて小説をある出版社に投稿したところ、見事に新人文学賞を受賞したのです。それをきっかけに、彼は小説家としてデビューしたのでした。

新しいことに挑戦するのに、「もう遅い」ということはない

何か新しいことを始める。心がワクワク躍るような、新しいことに挑戦するのに「もう遅い」ということはありません。

人は往々にして、

「新しいことを始めるといっても、私にはもうムリですよ。私の年齢を考えてください。頭も固くなっているし、感性も鈍ってきているし、この年齢からではムリです」

というようなことをいうのです。

しかし、どんなに高齢になってからだといっても、「もう遅い」ということはありません。

江戸時代に伊能忠敬という人がいました。日本で初めて正確な「日本地図」を作り

上げた人です。

土地の観測技術が今のように発達していなかった当時、日本全体の地図を作り上げるというのは、途方もないたいへんな作業でした。北海道から九州まで、その海岸線を徒歩で歩きながら測量していかなければならなかったのです。忠敬が、この大事業を成し遂げるのには、十七年の歳月がかかりました。十七年間忠敬は毎日毎日、海岸線をテクテク歩きながら測量していったのです。

しかし驚くべきことは、その年月ではないのです。忠敬が、この大事業を始めた時の年齢なのです。それは、忠敬が、なんと五十六歳になってからのことであったのです。忠敬は、もともとは地方の、今でいう自治体の役人であったといわれています。ですから忠敬が日本地図作成という事業を始めたのは、その仕事を定年でやめてからのことでした。

やりたいことは何歳で始めてもかまわない

さて「五十六歳」という年齢は、日本人の平均寿命が延びている現代で考えれば、何歳ぐらいになるのでしょうか。恐らく六十歳すぎて、七十歳近くなったあたりの年齢ではないでしょうか。そんな年齢になってからでも、あれだけの大事業を成し遂げることができたのです。

四十歳、五十歳ぐらいで「もう遅い」などといっていられるわけがありません。私の知っている人にも、定年退職してから、テニスや登山を始めたり、自叙伝を書き始めたり、パソコンを習い始めたりといった人が、たくさんいます。

大切なのは、その年齢から始めて、いかに上達するか、いかに人よりもうまくなるか、ということではありません。いかに人生を楽しむか、ということではないかと思います。実際、年老いてからもそうやって「人生を楽しむ」手段を持っている人は、みなイキイキした姿をしています。

これまでも述べてきましたが、生きることに自信を持つには、まず自分の人生を楽しむことが、とても大切なのです。人生に、まったく楽しみがないという人は、いつもションボリとしているものです。生きていくことに自信が持てないでいるのです。また生きることに自信を持ち、人生を楽しむ術を知っている人は、何事においても積極的です。

自宅に、こもりっきりになってなどいません。外に出て、様々な活動に参加し、多くの人に会い、またいろいろなところへ自ら進んで出かけていきます。

しかし、人生に楽しみを持っていない人は、人との交流を避け、一人きりで家の中に閉じこもっている場合が多いのです。

若い人であっても例外ではありません。

最近、若い人の「引きこもり」が社会問題になっています。何年にもわたって家の外に一歩も出ることはなく、ずっと家の中で暮らしているのです。そんな人生が幸福であるわけはないのですが、なぜ、そのように家の中に引きこもってしまうのかといえば、もちろん様々な心理的要因があるのでしょうが、思うにその要因の一つは、彼らに「人生を楽しむ手段」がないからではないかという気がするのです。

人生を楽しむことができないから、生きていくことに自信を失って、外に出て人に会うのが怖くなってしまうのでしょう。

人生を楽しむ手段をどうやって見つける？

「生きることに自信がない」「人生を楽しむ手段がない」という人は、何でもいいから挑戦してみることです。

新聞を読んでください。テレビを見てください。雑誌や本を読んでください。そのような媒体から、「これは面白そうだ。これなら、私にもできそうだ」というものを一つでもいいから見つけてほしいのです。

そして、それが見つかったら、まずは体を動かして行動してみるのです。

繰り返しますが、「もう私は年齢が年齢だし」「社会人になった自分が、今さら」「結婚する以前だったら、できたかもしれないけど」などと考える必要はないのです。

何かに新しいことに挑戦してみるのに、「もう遅い」ということはないのですから。

第5章
何でも相談できる仲間を持つ

良き友人がいる人は、スランプから立ち直るのが速い

何かイヤなことがあって気分が落ち込んでいる時、思うようにならないことがあった時、理不尽な処遇を受けて戸惑っている時、そのような時に親しい友人にグチを聞いてもらうのも、イヤな気分から抜け出す方法の一つでしょう。

ふだん信頼し、仲良くつき合ってもらっている友人から、「どうした。元気を出して。ふだんのあなたらしくないね」と、やさしい言葉をかけてもらえれば、何か不思議に、救われたような気持ちになるものです。

「ねえ、聞いてよ。もう頭にきちゃう」というグチを、黙って聞いてくれるだけでも心強くなるものです。グラグラになっていた自信を取り戻すことができるのです。

さらにいえば、友人への友情が一層深まって、「この人とめぐり会えて良かったな

あ。これからも、この人を大切にしていきたいなあ」という気持ちにさせられます。

そういう意味でも「良き友」を持つことは、かけがえのないことであり、また人生を幸福に生きていくためには必要不可欠なことです。「人のグチを黙って聞く」ということは、それこそ心の通い合った友人でなければできないことです。

いつでも、何でも話せる友だちはいる？

私の知り合いの女性も、「ああ、もう会社なんて生きたくない。生きていくのも面倒だ」という気持ちになった時は、友人を誘って食事にいき、おいしいものを食べながらグチをいうのが、もっとも手軽にできて、かつ効果的な気分転換の方法だといっていました。さんざん、おしゃべりした後は、気分もすっかり晴れて、イヤな思いも嘘のようにどこかへ吹き飛んでしまうそうです。そして、「明日からも、がんばろう」という気持ちになれるとのことです。

みなさんには、損得なしでつき合っていける、そんな友人が一人でも二人でもいるでしょうか。もし「話を聞いてくれる友だちなんていない」という人がいるとすれば、友人をつくるよう努力しましょう。

長年心理カウンセリングの仕事をしていて、気づかされることがあるのです。それは「良き友人」がいる人ほど、たとえ自分に自信を失ってスランプにおちいったとしても、そこから立ち直るのが早いということです。そして反対に、友人がいない人ほど、いつもまでクヨクヨばかりしていて、早く立ち直ることができないようです。

どうしたら何でも話せる友人をつくれる？

さて、「友だちがいれば、それに越したことはないと思うのですが、でも友だちを作るにはどうすればいいんですか。いくら努力しても、私には友だちなんてできません」と尋ねてくる人もいるかもしれません。どうすれば友だちができるのか。それはあなたに「人を大切に思う心」があるかどうかにかかっているのでしょう。

人を大切にできない人には絶対に「良き友人」は作れないのです。

気分がめいった時に、人にグチを聞いてもらうのもいいのですが、そればかりではいけません。あなた自身も、人のグチを聞いてあげられる人間にならなければいけないのです。一方的にグチを聞いてもらうだけで、他人のグチは聞きたくない。これは、「人を大切に思う心」がある人のすることではありません。

考えてみてください。「他人のグチ話」など、本心からいえば、誰だって聞きたくはないのです。それを黙って聞いてくれ、時にはやさしい言葉もかけてくれる。そこまでしてくれているのですから、その人のことを大切に思う気持ちがあるのであれば、逆にその人がイヤな気持ちを引きずっている時は、「ねえ、どうしたの。何でもいいからいって。聞いてあげる」といってあげるのが当然のことでしょう。それを自分のグチ話の時だけはつき合わせ、人のグチ話にはつき合わないでは、「あの人、ちょっと身勝手な人だね」と敬遠されるようになっても仕方ありません。

グチを聞いてもらい、グチを聞いてあげる。そういうギブ・アンド・テイクの関係があるからこそ、その人と良き友情を育むことができるのです。

良き友だちが、たくさんいる。また、そのことによって、たとえスランプにおちいったとしても立ち直りが早い。そういう人には必ず、「人を大切に思う心」、またギブ・アンド・テイクの精神が備わっているはずです。

落ち込んでいる時には、グチをいい合うのもいいのですが、それは「時々のこと」ぐらいにしておくのが、二人の友情を強いものにするコツでしょう。

心を許し合える友がいるだけで、百倍の勇気がわいてくる

私たちが自分に自信を失い、生きていくのがつらくなる大きな原因の一つは、誰からも理解されないということです。そのために一人ぼっちで苦しまなければならなくなってしまいます。しかし、理解し合える良き友が一人でもいれば、それは生きていく上で大きな自信につながります。

東京の下町でタウン誌を発行している男性がいます。

タウン誌を立ち上げてからもう十年ほどになり、読者の数も多くなり、今では経営も軌道に乗っているのですが、発刊当初はたいへんな苦労があったということです。浅草や上野といった繁華街ならいいのですが、彼が地盤としている街はごくありふれた地域であったので、「こんなところでタウン誌を発行したところで、やっていけ

るわけがない」と、当初は友人たちの反対する声が圧倒的だったそうです。

しかし自分が生まれ育った土地に強い愛着があり、またここでタウン誌を作ることが長年の夢であった彼は、反対する声を押し切って創刊に踏み切りました。

自宅で、まったく一人きりで始めた仕事でした。

不安を友人の存在が忘れさせてくれる

取材も、本の編集も、すべて一人でやらなければなりません。その他に、本を置いてくれる書店や商店を探さなければなりません。掲載する広告の募集もしなければなりません。購読代金の回収や帳簿づけも、自分一人でやらなければならないのです。

取材のために出向いた先から押し売りと間違えられて追い返されたり、本を店頭に置くことを断られたりした時には、正直いって、「やっぱり、やめておくべきだったのかな」と思ったこともあったそうです。「このまま、本当にやっていけるのか」と将来のことが不安になって、眠れなくなった夜もたくさんあったといいます。心細くなって泣きたくなることもあったそうです。

しかし、せっかく長年の夢を実現させて始めたことなのですから、一生懸命にがんばってタウン誌の発行をどうにかこうにか続けました。

一年くらい経った時のことです。彼の、そんな情熱に打たれたのか、タウン誌を創刊する以前に勤務していた出版社の同僚だった女性が「私にも手伝わせて」と自らも会社を辞めて、彼のもとにやってきたのです。

その時は、「これほど、うれしいことはなかった」と彼はいっていました。彼は、「一人きりで仕事をしていくよりも、やはり仲間がいたほうが、ずっと心強い。仲間がいることで仕事への責任感も増してくるし、困難に立ち向かう勇気も百倍になる」と、しみじみ思ったそうです。今彼の事務所には四人のスタッフがいます。

ふだん大きな会社で、大勢の人に囲まれて仕事をしている人は、こういう「仲間がいることのありがたさ」をあまり意識せずにいるのではないでしょうか。

しかし、何かのきっかけで、この彼のように一人きりで仕事をしなければならない状況に立たされた時には、やはり、この「仲間がいることのありがたさ」に改めて気づかされるのではないかと思うのです。良きパートナーを得ること。これは非常に幸福なことです。このことによって、あなたの心には大きな自信が育ち、また仕事も前にも増して一段とやりやすくなっていくのです。

つらい時にはがまんしないほうがいい。素直に「助けて」といってみよう

ある登山家が、こんなことをいっていました。

「低い山ならば、山頂まで登るのにそれほど苦労はいらない。協力してくれる人などいなくても、自分の力だけで登ることができる。しかしエベレストやヒマラヤといった高い山になるとそうはいかない。多くの協力者の援助がなければ不可能なのだ」というのです。

実際に山頂に立つことができるのは、二人か三人ぐらいのものでしょう。しかし、その人たちをサポートする人間が、実はその他に、たくさんいるのです。登山家たちの健康面をサポートする医療の知識がある人、現地の言葉を通訳する人、現地の気象を観測する専門家、そして食料や物資を運搬する人たち、など、そういう縁の下の力

持ち的役割をになう人たちの協力があってこそ、二人か三人の人がエベレストやヒマラヤの山頂に立つことができるのです。

さらに、それだけの人数の人たちが数週間にわたって外国へ遠征するのですから、かなりの費用もかかります。ですから費用面でサポートしてくれるスポンサーも必要になります。もちろん危険をともなう遠征なのですから、家族の応援も不可欠でしょう。そう考えれば、相当多くの人たちが協力していることになるのです。

サポートをうけるのに遠慮はいらない

あなたが職場で行う仕事にしても同じでしょう。簡単な仕事ならば一人でできるかもしれませんが、大きな成果を期待するようなビッグプロジェクトになれば、一人ではできません。部下の協力、上司の理解、また関係部署や取引先など、多くの人たちのサポートがなければ成し遂げられないことなのです。

家庭生活も、そうかもしれません。あなたを支えてくれる妻、あるいは夫の理解と協力がなければ、幸福な家庭など築けません。子供を立派な人間に育てていくことなどできません。パートナーの協力なしに、いくら一人でがんばっても、幸福な家庭は築けないのです。自分一人だけでどうにかできると考えてはいけないのです。それは失敗のもとです。自分に自信を失ってしまう原因になるのです。

これも先ほどの登山家に聞いた話です。

たとえば、険しい山をみんなで登っている最中に、急に体調が悪くなる。足が痛くなる。腰が重たくなる。吐き気がしてくる。こういう時に絶対にしてはいけないのは、「がまんする」ということなのだそうです。

人は往々にして、がまんしてしまいます。「他人に迷惑をかけたくない。もう少し、がまんしていれば、もうじき良くなるだろう」と考えてしまうのです。

その結果どうなるのか。体調はますます悪くなり、本当に自力では歩けなくなってしまうのです。

一人歩けなくなる人間が出れば、もう引き返すしかありません。途中で登山を断念して下山するしかないのです。結果的に、みんなに大きな迷惑をかけることになるのです。

体調が悪くなった時には、早いうちに、誰かに「助けてください」と援助を求めるほうがいいのです。早いうちに援助を求めておけば、緊急処置によって、またすぐに体調を取り戻すことも可能です。そこを一人でがまんしているから、ますます体調が悪くなって、一歩も前へ進めない状態になってしまうのです。

「一人で山に登っているわけではないのです。たくさんの仲間がそこにはいるのですから、一人で解決できないことが起こった時には、早く助けを求めるほうがいいのです。そのほうが結果的に、みんなのためになるのです」と登山家はいっていました。

私は、この話を聞きながら、「なるほど」と思いました。

互いに助け合うことで、自分自身を活かす

あなたにも、次のようなことはないでしょうか。

取引先に提出しなければならない見積書の作成が、自分一人だけの力では、どうも間に合いそうもない。同僚に「悪いけどいっしょに残業して、手伝ってくれないか」といえば、それで間に合うと思えるのですが、「いや、これは自分の仕事なのだから、他人に迷惑をかけるわけにはいかない。自分だけで、どうにかしよう」と考える。しかし結局、そのために、見積書の提出が遅れる結果となるのです。

取引先からはクレームをつけられる。「お宅は、信用できませんね」といわれてし

まう。同僚たちからは、「なぜ早く相談してくれなかったんだ」と叱責される。その結果、会社全体に多大な迷惑をかけてしまうことになるのです。そして、「ああ、なんて自分はダメな人間なんだ」と自信を喪失してしまうことになるのです。

ですから、「もう、ムリだ」と感じた時には、早く仲間に助けを求めるほうがいいのです。人に「助けを求める」ことは、何も恥ずかしいことではありません。後ろめたいことでもないのです。「仲間」というのは初めから、お互いに助け合うために存在するのです。

「一人でできることなど、あまりたいしたものではないのだ」と考えていたほうがいいのかもしれません。しかし、たいしたことしかできない一人ではあっても、その一人一人が大勢集まれば大きなことを成し遂げることもできます。

会社には同僚や上司や部下がいるのだし、身近なところには友人や家族がいるのです。そういう人たちと協力し合ってこそ、自分も活きるのだし、自信を持って生きていけるのです。困った時には、遠慮なく助けを求める。それが「みんなのため」なのであり、ひいては「自分のため」にもなるのです。

仲間のちょっとした一言で、目からウロコがポロリと落ちる

どうしても、いい解決策が見つからない。八方ふさがりになってしまい、ジタバタともがく。しかし、いくらもがいても、頭をウンウンうならせても、やはりいいアイディアは浮かんでこない。そんな経験が、あなたにもあるのではないでしょうか。

さて、私のある知人の男性などは、こういう状況におちいった時には、一人でいつまでも悩んでいるのではなく、誰か友人を見つけて相談にいくそうです。

「こういうことで悩んでいるんだけど、何かいい方法はないかな」と率直に、友人に尋ねてみるのです。仲のいい友人であれば、そんな彼を見捨ててはおきません。いっしょになって、いい解決策を見つけるためにいろいろ考えてくれます。

もちろん、友人がアドバイスしてくれたことで、全面的に問題が解決することはあ

りません。しかし、何かのきっかけで出た話がヒントになって、「ああ、そうだったのか」と、目からウロコがポロリと落ちることも多いそうです。自分一人だけで解決しようとがんばっていると、うまい方法が一向に見つからないことがイヤになってきて、最後には「なんて自分はバカなんだ」と自己嫌悪がわいてくる。そんな思いにとらわれて、自分に自信を失うよりも、友人に相談したほうがずっと得策でしょう。

多くの友人がいることのメリット

また、たとえ友人から「これは難問だね。私にも、いいアイディアは浮かばないよ」といわれたとしても、彼は「そうか、この人も解決する方法がわからないくらいの難問なのだから、自分にいいアイディアが浮かばなくてもしょうがない」と自分をなぐさめることができる、というのです。少なくとも、自分に自信を失わずに済むのです。彼は、こんなこともいっていました。

「人には誰でも、得意、不得意があります。また、得意分野というものは、人によってそれぞれ異なるもので、自分が不得意とするものを、友人の誰かは非常に得意にしていたりする。ですから私は、たとえば、スポーツのことに関してはA君がくわしい、B君はアメリカ映画のことに関しては誰よりもくわしい、C君は医学関係の知識に精通している、D君は流行のファッションについて何でも知っている……というように、知り合いを得意分野別に分けておくのです。そうしておけば、いざという時に、『この件だったら、この人に聞こう』とすぐに連絡が取れて便利です。ですから私は、できるだけ多くの人と出会い、多くの友人を作るように日頃から努力しているのです。多くの友人がいるほど、心強いんですよね」

物事にいきづまった時は気分転換

それはさておき、「筆が止まる」といいますが、実は私自身も、本の原稿を書いていて、いきづまってしまうことがよくあります。この先何を書いていけばいいのか、いいアイディアがまったく浮かんでこないのです。

こんな時には私も、人に会うことを心がけています。

人と会って、よも山話をしていると、相手の一言で「そうか、こういう話もあるのか」と、いきづまっていた原稿の打開策を発見できることが多いからです。また交流会や著名人の講演会を聞きにいくこともあります。

とにかく、こういう時は自分だけで解決しようとウンウンうなっていても、いいアイディアは浮かびません。誰かに会って、話でもするほうがいいのです。

今はインターネットやマスコミがずいぶん発達していますが、こういう時代であっても、やはり一番の情報源は「人」なのではないかと思います。

人がもたらしてくれる、「ねえ、こういうこと知っている？」「この業界の最近の動向はね」「ああ、あの件のことでしたら、裏話があるんですよ」といった情報は、やはりとても貴重なものが多いのです。その意味では、友だちや仕事仲間といった人脈が豊かな人ほど、また知識や情報も豊富な人であるといえるのではないでしょうか。

考えてみれば、インターネット上やマスコミで公表される情報は、すでに誰でもが知っているもの、ありふれたものになっています。しかし、人がもたらしてくれる情報は、まさに裏話的な、希少価値の高い生きた情報が多いのです。その意味でも、実際に役立つ情報というのも、人が教えてくれるものであるように思います。

一人の人間の知識の量など、たかが知れたものですが、多くの仲間が知識と知恵を出し合えば、これほど心強いものはないように思うのです。

分け隔てなく人を尊重することで、良き協力者は増えていく

良き協力者、良き友人、良きパートナーがいなければ、大きなことを成し遂げることはできません。

また、そういう人たちが身近なところで自分をサポートしてくれるからこそ、どんな難局に出会おうとも、自信と勇気を持ってその難局を乗り越えていけるのだと述べてきました。

さて、ここでは、「良き協力者を得るために必要になることは何か」という問題について考えてみたいと思います。

四十歳になってから勤めていた会社を辞め、独立して今お好み焼きの店を出している男性の話を紹介してみましょう。

彼は、もともと長年金融関係の仕事をしていました。

ですから「お好み焼き屋」とは、まったく無縁の仕事をしていたのです。

ですが、子供の頃からお好み焼きが好物で、社会人になってからも暇を見つけては、各地の名物店を食べ歩きしていたのです。そして、「いつかは自分自身のお好み焼きの店を出したい」という夢を持っていました。

友人の一言にハッと気づかされることがある

たまたま四十歳すぎた頃、親しいおつき合いのあったあるお好み焼き屋の店主から、「自分の店を出したいなら、面倒を見てやろう。多少なら出資もできるし、食材の仕入れ先も紹介してあげよう」という話があったのです。

その言葉に励まされて、彼は脱サラすることを決心しました。

とはいっても、それですぐに自分の店を出店できるわけではありません。お好み焼き屋の運営に関しては素人同然であったのですから、まずは、話を持ちかけてくれた店主の店でしばらくは修業することになったのです。

さて、その際に、この店主からとても心に残る言葉をいってもらったというのです。

修業の手始めとして彼は、店にやってくるお客さんの接待係から始めました。お客さんから注文を取ったり、お勘定をしたりする仕事です。

その仕事ぶりを見ていた店主は、ある日、彼にこんなことをいいました。

「あなたは、客商売の基本となる心構えができていませんね」

つまり、こういうことなのです。

「あなたはお客さんによって、接客の態度が異なる。あるお客さんには非常に親切にいい笑顔で対応するけれど、あるお客さんにはとても無愛想だ。無愛想になってしまうお客さんは、たぶんあなたが内心嫌いなお客さん、気に入らないお客さんなのだろう。反対に、対応をよくするお客さんは、あなたが親近感が持てるお客さんなのだろう。しかし、あなた個人の好き嫌いで、お客さんへの対応の仕方を変えてはいけない。やってくるお客さんがどういう人であろうとも、すべて、うちにとってはありがたいお客さんなのだから、分け隔てすることなく、誰に対しても心からもてなしの心を持って対応しなければならないのだ」と店主は助言したのです。

この言葉を聞いて、彼はガンと頭を殴られたような思いであったといいます。

「一部のお客さんは親切に迎え、一部のお客さんには無愛想にしている。そんなことをしていたら、無愛想にされたお客さんからすれば、『あの店員は、人によって対応の仕方が違うじゃないか。なぜ自分にはサービスが悪いんだ』と不公平感を持つ。そして、どこかで『あそこのお好み焼き屋はまずいよ。食べれたものじゃない』などと悪口をいいふらすことになるだろう。そうしたら店の評判ががた落ちになって、商売などやっていけなくなる。どのようなお客さんであろうとも公平に、いいサービスを提供できてこそ、店は評判を呼び、繁盛するのだ。多くの人たちが、この店をひいきにしてくれるのだ」

こう彼は気づかされたのです。

これは、「良き協力者を得るためには、どうするか」という話にも通じるのではないでしょうか。

好き嫌いで相手を判断していないか

よく職場では、えこひいきする上司は嫌われるといわれます。

ひいきされる部下はいいかもしれませんが、理由もなくイジメられる部下は当然憤慨します。

その上司も悪口を裏でいいふらされることになるでしょう。そして結局、その上司は社内で信望を失っていくのです。

もし、みなさんが、多くの協力者を得たいと思うのであれば、個人の好き嫌いという感情は抜きにして、相手が誰であっても、最高の愛情をもって接しなければなりません。

そうすることができた時、「あなたのために何かをしたい」という人がたくさん現れるのです。

あなたが窮地に立たされて、自信を失いそうになっている時には、「どうしました？　私にできることなら、何かさせてください」と、援助の手を差し伸べてくれる人が大勢出てくるのだと思います。

よき協力者を得ることは、幸福な人生を歩んでいくため、そして自信を持って自分の人生を生きていくためにはとても大切なことです。どうか、それを忘れないでほしいと思います。

第6章

思い切って決断してみる

「うまくいくかな」と心配するよりも、まずは「やってみる」ことが大切だ

結婚や就職などによってこれまでの生活環境を大きく変えなければならないような時、勤める会社の今後を占うようなビッグプロジェクトを任された時、また大きな責任を背負わされるような決断をしなければならない時、そのような時には、「だいじょうぶだろうか。本当に自分にやっていけるだろうか」と、多かれ少なかれ誰の心にもある種の不安がよぎるものです。

さて、そのような不安を打ち払うためには何をしなければならないでしょうか。

結局それは「今やらなければならないこと」に、我を忘れるほど打ち込んでみるということだと思います。不安というものは、いくら頭で考えても、解決するというものではありません。ですから頭であれこれと考えるよりも、とにかく体を動かしてと

ことん汗を流したほうがよいのです。

不安は行動することで払拭できる

あるボクシングの選手がいっていました。対戦相手が決まる。試合日程も決まる。それからは寝ても覚めても、不安の日々の連続だというのです。

「負けたらどうしよう。徹底的に打ちのめされて、観衆の前にみじめな姿をさらすことになったらどうしよう」という不安で頭の中がいっぱいになるそうです。

試合の日が近づくにつれて、その不安は大きくなり、何度も逃げ出したい気持ちにかられますが、不思議なことに、いざ試合となってリングの上れば、そんな不安は一瞬のうちに吹き飛んでしまうというのです。簡単なことです。リングの上に立てばもう「どうしよう、どうしよう」などと考えている暇などなくなってしまうからです。

現実に、目の前に、対戦相手がいるのですから、あとはその相手を倒すために夢中になって手や足を動かすしかない。体を動かすことに精いっぱいになって、不安に頭を悩ますことなどできなくなってしまうのです。

大切なことは、リングに上がるということです。結婚に不安だったら、とにかく結婚生活を始めてみるのです。会社が不安だったら、会社へいって、そこにいる人たちといっしょになって汗を流してみるのです。仕事が不安だったら、プロジェクトを進める仕事の現場に、とにかく身を置いてみるのです。つまり、とにもかくにも、リングへ上がってみるのです。

リングに上がることを恐れて、リングの下にたたずんだまま、「だいじょうぶかな。うまくいくかな」と頭を悩ませているから、不安がどんどん大きくふくらんでいってしまうのです。まずは、「やってみる」。一生懸命になって体を動かしていくうちに、以前の不安など、自然に消えてなくなってしまうでしょう。また「やってみる」ことで、状況も変わります。

行動を起こす前と後とでは何かが変わる

先のボクシングの選手は、また、こんなことも話していました。

いざリングへ上がる。すると思いのほか相手が弱く、あっという間に相手を打ちのめして勝利をおさめることができる場合もあります。そんな時に、「自分はなぜ、こんな弱い相手に、負けたらどうしようなどと心を悩ませていたのだろうか」と、自分で自分が不思議に思えてくるというのです。

もしかしたらあなたも、そうではないでしょうか。

結婚する以前に、「私は料理があまり得意じゃない。料理がヘタなので、彼に嫌われてしまうんじゃないかしら」と悩んでいた女性がいました。しかし結婚してから、彼に自分で作った料理を出してみると、彼は意外にも「おいしいね。ぼくの母親よりも、君のほうがずっと料理がうまいよ」と喜んでくれたというのです。

「やってみる」以前の不安というのは、こういった、いわば「取り越し苦労」が多いものです。いざリングに上がってやってみれば、「どうして自分は、こんなことで悩んでいたのだろう。まったくバカみたいだ」と気づかされることも多いのです。

就職もそうです。不安に思っていてもいざ就職してみれば、そこにいる上司や先輩、同僚たちは、みんなあなたの協力者となって、あなたを力強く支えてくれたりします。「だいじょうぶかな」と心配していたプロジェクトが、いざやってみれば、とんとん拍子にうまく運んでいったりします。そういうこともあるのではないでしょうか。後は、リングに上がる決断を、勇気をもってあなたが下すだけなのです。

目的意識がしっかりしないまま、いくら努力しても「自信」は生まれない

勇気をもって決断し、やってみるにはやってみたけれども、しかし目的意識がしっかりしていなかったために、途中で目指すべきものを見失って右往左往してしまう人もいます。

ある青年の話です。彼は十代の頃、いわゆる不良少年でした。学校をサボったり、悪いことをしては親に迷惑をかける子供でした。中学校を卒業し、定時制の高校に入学したのですが、もともと学校など嫌いだったので、すぐに退学してしまいました。

しばらくは何もせずに遊んで暮らしていたのですが、収入がなければ遊ぶお金もありません。彼は仕方なく、土地取引のセールスマンとして、ある会社に就職しました。その会社は本来は少なくとも高校卒業以上の学歴がなければ就職できない会社で

したが、親の知人のはからいで特別に入社できたのです。

ただ彼は、そこで、とてもつらい思いをしました。定時制高校、しかもそこを途中で退学してしまったという経歴を、同僚社員たちから、ひどくバカにされたのです。

何か仕事で失敗するたびに、「やっぱり、ろくに学校もいっていない人間はダメなんだな。どうして、こんな学歴も教養もない人間が、うちの会社に入ってきたんだ」

と陰口を叩かれました。

「何くそ!」という気持ちを持つことが大事

もともと負けず嫌いの性格だったのでしょう。学歴の低さをバカにされた彼は一念発起して、大学に入る決心をしました。

会社を辞め、独学で勉強を始め、大検を受け、それに受かると、多少回り道はしたものの、十九歳の年に見事に私立の有名大学に合格したのです。

これは賞賛されるべき成果でしょう。彼自身、「自分だって、やればできるんだ」と自信満々で胸を張っていたのです。しかし、それから先がいけませんでした。

せっかく合格した大学を彼は一年も経たないうちに退学し、また、ちゃらんぽらんな生活に舞い戻ってしまったのです。定職にも就かず、フリーターのような生活を送るようになってしまいました。最近は、「なんだか、生きていく自信がなくなってしまった」とボヤいているそうです。

彼には、「大学受験に合格する」という目的がありました。そのために、がんばってきました。しかし残念ながら、それから先の、もっと大きな「人生の目的」と呼べるものがなかったのです。

目先の目標は人生の目標を達成するための手段

彼ばかりではないのです。努力して、せっかくいい会社に入りながら、すっかりやる気をなくしてしまって、ダメ社員になってしまう人もたくさんいます。

「一日も早く課長に出世するぞ」という夢を持ち、実際にその夢を果たしながら、そこで終わり、そこから先の新しい目標を見つけることができずに、生きる張り合いを失ってしまう人もいるでしょう。

こういう人はみな目先の目標はあっても、「人生の目標」がなかったのです。

目先の目標だけを追い求める生き方は、かえって不幸を招くことになります。目先の目標だけでなくそれと同時に、もっと大きなライフワークとも呼べるもとを持つことが大切なのです。

多少、いい換えてみましょう。

「目的」というものには、二つの種類のものがあるように思われます。

一つは、目先の目標。そして、もう一つは、もっと先を見据えた目標です。

私は、まず最初にかかげなければならないのは後者の、先を見据えた「人生の目標」なのだと思います。

たとえば会社で出世する、出世してやりたいと思っている事業に思い切って挑戦する。または自分で会社を興すという目標もあるでしょう。さて、その目標を達成するためには、どうするか。「この会社では、大学卒でなければ出世できない」という条件があるならば、そこで「大学に入学する」という目標が生まれる。これが、いわば「目先の目標」なのです。

あくまでも「目先の目標」は、その先の「人生の目標」を達成するための手段なのです。この順番を間違えると、先の青年のように、途中で目標を見失って自分に自信を失うということになりかねません。

自分だけ良ければいいという夢を追い求めると、途中で自分を見失う

目的意識をしっかり持つこと。これは自信をもって生きていくために、とても大切であることは前項で述べました。ただし、目的の持ち方を間違えると、やはり途中で自分を見失い、挫折してしまうケースも多いのです。

ある作家の話をしてみましょう。

彼には若い頃から、自分の名前で本を書き、その印税でお金持ちになるという夢がありました。大学を卒業し、何年かサラリーマン生活を送っていましたが、その間にも、書籍の出版企画を練ってはいろいろな出版社に売り込んでいたのです。三十歳を過ぎた時に、ある企画が通り、いよいよ自分の本が出版されることになりました。幸運にも、その本が大ヒットし、多額のお金を得ることになりました。それをきっかけ

に勤めていた会社を退職し、作家生活に入るという決断を下しました。

目標を達成した後どうやって自分と向き合う？

その後も何冊かの本を出していましたが、しかし最近になって、まったく本を書かなくなってしまいました。彼の友人は心配になって、「どうしたんだ。最近本屋さんへいっても、君の本をあまり見かけないが、体の調子でも悪いのか。それとも何かの理由で、出版社から原稿依頼がこなくなったのか」とその人に尋ねてみたのです。すると彼は、「体の調子が悪いわけでもないし、出版社からの原稿依頼がないわけでもないが、どうも本を書く気になれない」というのです。

彼がいうには、こういうことなのです。

「私は何も、どうしても作家になりたかったわけではなかった。作家になることが、第一の目標ではなかった。私はただ、作家になって、お金儲けをしたかっただけなんだ。幸運にもデビュー作として出した本が売れて、その後もヒットが続き、たくさんのお金が入ってきた。銀行の預金通帳には0がいくつも並ぶくらいお金が溜まった。そうして実際にお金持ちになってみると、どういうわけか、本を書く意欲がなくなってしまった。お金持ちになりたいという夢を満たしてしまって、今後、どういう目標のためにがんばっていけばいいのか、わからなくなってしまった」というのです。そういって、彼は、すっかり自信を失ったような顔をしているのです。

間違った目的意識を持っていないか

私は、彼の話を興味深く聞きました。そして、「何が間違っていたのだろう」と考えました。人生に目標や夢を抱き、そのためにがんばるということは、人生を生きがいあるものにする一つのコツです。勇気をもって決断しなければならない時には、果敢に決断するということも、自分の人生を切り開いていくために大切なことです。それでは、なぜ彼は、すっかり自分に自信を失って意気消沈してしまったのでしょうか。それは「目標の持ち方」が間違っていたからです。

お金持ちになりたい。そう考えることは、何も間違ってはいません。しかし、お金というものは、後からついてくるものなのであって、お金自体を目的にしてしまうのは間違っているのです。もし、この人が、「本を書いて、多くの人を幸せな気持ちにしてあげたい。心に抱いている悩みを解消してあげたい」という夢を抱きながら作家生活に入ったのなら、状況はだいぶ違っていただろうと思います。

そういう目的意識があったならば、彼は今でもやりがいをもってどんどん本を出版し続けていただろうし、また、その結果としてますますお金が溜まっていったのではないか、と残念な気持ちになったのです。

目的意識をしっかり持つことは大切だとしても、その目的の持ち方によっては、こんな間違いも起こるのです。できることならば目的や夢は、自分だけ良ければいい、というエゴイスティックなものではなく、人の幸福に寄与するもの、人に幸福を与えるものを設定するほうがいいのです。そのほうが間違いが起こりません。途中で目標を見失って、自信喪失するということになりにくいでしょう。

結婚するならば、その目的はあなたの好きな人を幸福にしてあげるため、仕事にがんばるなら、その目的は世の人に貢献するため、そういうことを生きがいとして生きていけば、いつまでも、はつらつと楽しくこの人生を生きていけるのです。

「自分が社会に対し、役に立つことをしている。自分はいいことをしている」という自分への自信も生まれてきます。お金だけを目標にしてしまう。これは非常に危険なことであり、途中で挫折してしまうことになりかねないでしょう。

いくら努力しても成功する見込みのない時は、どこかで見切りをつけるほうがいい

しっかりとした目標を持ち、それに向かってがんばる。それは、いいことです。

しかし残念ながら、人生には、いかに努力しても成功の見込みがまったくないというケースがあります。

さて、そういう場合は、どうすればいいのでしょうか。

はっきり言えば、どこかで見切りをつけなければならないのだと思うのです。「あきらめる」というと聞こえは悪いかもしれませんが、そのほうが生きていく上で賢明な手段になる場合もあるのです。

それに、いつまでも執着していることで、かえって自信を失う、人生が不幸なものになってしまうという場合もあるのです。

成績の上がらない営業マンほど、この「見切りをつける」「あきらめる」ということがヘタなのです。

成功の見込みのあるなしをしっかり見極める

たとえば自動車の営業マンを考えてみてください。

みなさんの自宅を個別訪問したり、電話をかけたりして、車の売り込みを行う人です。もちろん会う人、話をする人、すべての人から契約をもらえれば、それに越したことはありません。しかし100パーセント契約することなど、どんなに優秀な営業マンであろうと不可能です。

どんなに優秀な営業マンでも、一カ月足を棒にして歩き回ったとしても、一軒か二軒契約できればいいほうです。

ということは残りのほとんどの家からは断られてしまうということになります。

ですから、「このお客さんは、車を買ってくれそうだ」と思えるところでは熱心にセールス活動を行う。「ここは見込みがないな」というところは早く見切りをつけて、新しいお客さんを開拓する努力をしたほうが効率がいいし、営業成績も伸びていくわけです。

成績の悪い営業マンは、「見込みのないお客さん」のところで、いつまでも「買ってください、買ってください」とねばってしまいます。

しかし、初めから買う気のない相手は、当然のことながら、いくら熱心にセールス活動しようが、いくらねばろうが、結局「わかった。買うよ」とはいってはくれません。ですから買う気のない客にねばっていると営業効率が悪くなる。成績も上がらない。ムダな努力ばかりしているから、そのうちに嫌気が差してきて、「私には、営業をやっていく自信がありません」などということになるのです。

あきらめるタイミングを上手に見極めよう

「売りたい」という気持ちはあり、「成績を伸ばして、トップ営業マンになりたい」という目的意識も持っていても、この客は熱心に勧めれば買ってくれるのか、それとも、いくら熱心に勧めても心を動かさない人なのか、そこのところの見極めをつけて、買う気のない相手には早いうちに見切りをつけることを学ばなくては、いい営業マンにはなれません。

「見込みのない女性」に、「ぼくとつき合ってください」「ぼくと結婚してください」と、いつまでもしつこくつきまとっても、結局「しつこい男は大嫌いよ」と、その女性から逃げられてしまうだけでしょう。そして、「どうして、ぼくは女にモテないんだろう」と自信を失う結果になるのです。

「見込みのない事業」に、いくら資金をつぎ込んでみても、成功など望めません。資金がつきて会社をつぶせば、やはり「自分は、ダメな人間だ」と自信を喪失するだけです。ですから、いわば「あきらめ方」がうまくなるのも、自分に自信を失わないための、一つのコツなのです。

人生には、100パーセントうまくいくということはないのです。ほどほどのところ、まあ80パーセント、いいえ70パーセント程度うまくいけば、それで十分に幸福に生きていけるのですし、胸を張って堂々としていられるのです。

ですから、たとえ「あきらめざるを得ないこと」が出てきたとしても、それで自分に自信を失うことはありません。仕方なく、あきらめることがあったとしても、その他のことで挽回すればいいのです。物事をトータルで考えて、結果的に「勝ち越す」ことができれば、良しと考えましょう。

開き直ることによって、心にパワーが生まれる

前項で、あきらめなければならない時には、すっぱりとあきらめる。そのほうが人生はうまくいく。自分に自信を失って悩むことも少ないのだと述べました。

ところで、この「すっぱりとあきらめる」というのは、簡単なことのように見えて、実はむずかしいものなのです。

特に「自分に自信を持てない人」は、「あきらめる」という決断がなかなかできません。いつまでも「どうしよう、どうしよう」とウダウダと迷い続け、「こう決めた」という結論を出すことができないのです。自分の意思をはっきり表明することができず、何事においても優柔不断になりがちです。

ある青年なども、そうでした。

なかなか結論を出せないのはなぜ？

彼は大学を卒業して、ある企業に就職したのですが、「実際に働いてみて、どうしても、この仕事が自分に合っているとは思えません」と悩んでいました。

私は、「あなたは若いのですから、まだ、これからでもやり直すことはできます。今の仕事にやりがいを感じることができないのなら、自分の将来のことを考えて、転職するのもひとつの方法です」とアドバイスしました。

実際彼は転職活動を始めました。しかし、それから何カ月経っても彼は転職する様子はありません。以前の会社で、まだ働き続けているのです。もちろん、「今の仕事にやりがいを感じられない」という彼の悩みが解決されたわけではありません。以前と同様、彼は「やりがいを感じられない」ということで悩んでいました。

よく話を聞いてみると、結局、こういうことなのです。

「できれば転職したい。しかし転職したからといって、新しい会社で、やりがいを持って働けるとは限らない。新しい会社でも、面白味のない仕事を押しつけられるかもしれない。それが心配で、転職するという決断をくだせない」というのです。

今の会社での仕事を「あきらめて」、新しい方向へ向かうことができない、というのです。

迷ってばかりいないで、開き直る勇気を

確かに、その気持ちは、わからないでもありません。転職する、環境をまったく変える、新しい分野に挑戦することは誰にとっても勇気がいります。将来のことは誰にも予測できないので、それが不安なのです。

しかし考えてみてください。現状にとどまっていても、悩みを解決する手段がまったく見つからないのであれば、やはり勇気を持って決断し、新しい環境へ飛び込んでいくしかないでしょう。もちろん、そのことで、人生は好転はしないかもしれない。ますます大きな悩みを背負わされることになるかもしれない。しかし、一か八かの賭けをするつもりで、新しい領域に足を踏み込まなければならない時もあるのです。

ある野球選手に聞いたことがあります。

「打撃不振におちいって何日間もヒットを打てないことがある。もちろん、バットの振り方が悪いのだろうか、足の位置が悪いのだろうか、精神的に集中力がなくなって

いるのだろうか、といろいろ悩む。しかし、いくら悩んでも、いい結果が出ない時には、もう開き直るしかない」というのです。さらに「開き直って、『えい、どうにでもなれ』という気持ちでバッターボックスに立つと、案外いい結果が出る。ヒットが出る。結局、あれこれ悩むよりも、いっそ開き直ってしまったほうがいい」というのです。

きっぱりとあきらめることができない。迷って決断することができない。現状を捨てて、新しい環境に足を踏み入れることができない。そういうことで悩んでいる人は、この「開き直る」ということを学ぶべきではないでしょうか。「ええい、どうにでもなれ」という精神です。「開き直る」ことによって、心にものすごいパワーが生まれて、勇気をもって決断をくだすことができるようになるのです。

ある経営者もいっていました。「事業を成功に導くために、もちろん事前準備は欠かせない。市場調査をしたり、会議を重ねて一番いいと思われる作戦をあれこれ検討する。しかし最後の最後の決断は、やはり一か八かの賭けなのだ」というのです。開き直って、「こうする」と決めるしかないというのです。この決断をする勇気のない人間は経営者として失格なのかもしれません。

思い切って決断した時から、「自分の人生」が始まる

「生きるべきか、死ぬべきか」というのは、シェークスピアの『ハムレット』の有名なセリフですが、人生にはこのような、二者択一の決断を迫られることがよくあります。転職するべきか、今の会社にとどまるべきか。結婚するべきか、このまま独身でいるべきか。離婚するべきか、しないほうがいいのか。契約書にサインするべきか、しないほうがいいのか。この事業に投資するべきか、見送るほうがいいのか。その他にも、まあ、いろいろあるでしょう。こういう状況に立たされた時、「さて、どうしようか」と頭を悩ます人も多いのではないでしょうか。

ところで、ここで言っておきたいのは、「迷うこと」や「悩むこと」は何も悪いことではないということです。むしろ、そういう時は、徹底的にとことんまで迷った

り、悩むほうがいいと思うのです。

〝悩む〟のはそれだけ真剣に考えている証拠

心理カウンセリングをしている私のもとには、いろいろな悩みを持った人がやってきます。恋人との関係で悩んでいる人、職場での人間関係で悩んでいる人、自分の将来について悩んでいる人、さまざまな人がいます。そんな人たちの相談を受けながら、ふと気づかされることがあります。それは、おかしないい方になるかもしれませんが、まじめに、誠意をもって、とことんまで悩むことができる人ほど、思い切って決断しなければならない時は果敢に決断し、そしてその後の人生もとても充実したものになっているということです。幸福な、生きがいのある人生を送っているのです。

迷うことや悩むことができるのは、それだけ「自分の人生」を真剣に考えている証拠です。人生について真剣に考えているからこそ、自信を持って決断もできるし、悔いのない人生も送れるのです。

一方、いいかげんに、ちゃらんぽらんな態度で悩んでいる人ほど、いつまでもグズグズしてばかりいて、迷い、悩みから抜け出せないものです。

ある男性の話をしたいと思います。

彼の父親は医者で、息子である彼も医者にしたいと考えていました。親孝行の息子だったのでしょう、本当はイヤだったのですが親の意向に従ってよく勉強し、彼は医学部に進学しました。

また彼は、大学のサークルで、ジャズの演奏をするバンドに参加していました。そこでピアノを弾いていたのです。当初は趣味で始めたものであったのですが、だんだんとジャズの世界に引きつけられるようになっていき、将来は嫌いな医者になるのではなく、ジャズピアニストになりたいと考えるようになりました。

そして、その希望を親に相談したのです。

もちろん両親は大反対です。「せっかく医学部に進学することができたのに、ジャズピアニストになりたいなんて、とんでもない。今までの苦労が水の泡になってしまうじゃないか」というわけです。

「それにジャズピアニストなどという、あいまいな仕事では、とても将来的に食べていけるとは思えない。生活に十分な収入を得ることなどできない。もしプロとして認められることができなかったら、路頭に迷うだけだ。とにかく、そんな希望は早いうちに捨てて、医者になるために精進してほしい」と、彼にいいました。

本当に好きなら自分の意志を貫き通す

両親の強い反対を受けて、彼は悩みました。食事も喉を通らないくらいに悩んだのです。しかし最後には決心し、やはり自分の意志を通すことにしました。医学部を中退し、プロのジャズピアニストになる道を選んだのです。

とはいっても、それでバラ色の人生が開けたわけではありません。親に指摘された通り、駆け出しのうちは収入もあまりありませんでした。地方のキャバレーのようなところをドサまわりして、やっと食べていける収入を得るだけが精いっぱいだったのです。

そんな彼に、友人が「ジャズピアニストになったことに後悔はしていないか。医者になっていれば高い収入も得られただろうし、世間的な評判もいい。今の生活は苦しいだろう？　やっぱり医者になったほうが良かったんじゃないか」と尋ねたことがありました。

しかし彼は、「後悔などしていない」と、きっぱりいい放ったのです。

「確かに今は生活も苦しいけれど、自分で決断し、自分で選んだことなのだから、後悔などしていない」と、明るい笑顔で答えたというのです。

私は思わず、納得してしまいました。

そういうものだと思うのです。彼がいう通り、それが「自分で決め」「自分で選んだ」道であれば、どんなに険しく苦しい道のりであろうとも、人は後悔することなどないのです。なぜなら、それは間違いなく「自分の人生」だからです。

むしろ親の意向に従ってイヤイヤながら医者になっていたほうが、彼には後悔が生まれていたでしょう。なぜなら、それは親に決められた人生なのであって、「自分の人生」ではないからです。

「自分の人生」を生きている限り、それがどんなに苦しいものであろうとも、人は後悔はしません。むしろ、その人生に幸福を感じるものなのです。「自分の人生」であってこそ、「生きていて良かったなあ」と心から満足感が得られるのです。

そして「自分の人生」というものは、それこそ自分自身に真剣に向かい合い、迷い、そして悩むことでしか手に入れられないものなのだと思うのです。

「自分の人生」を生きている人こそ、自信にあふれた人といえるでしょう。

第7章
負けることを恐れない

「負ける」ことで、人は強くなっていく。いっそ、どんどん負けてみよう

ちょっとした失敗や挫折で、すぐにくじけてしまう人がいます。「私は何をやってもダメなんだ。もう何をする気にもなれない」と自信を失ってしまう人がいます。そんな人に聞いてもらいたいと思います。

ウィンブルドンのセンターコートで、日本人として初めて試合をした元プロテニス選手の伊達公子さんが面白いことをいっています。

マスコミのインタビューで、「どうしたら伊達さんのように強い選手になれるのですか」と聞かれて、「それは、たくさん負けることです」と答えているのです。

「試合に負ける経験をすることによって悔しいと思う。その悔しさがバネになって、もっと強くなるためには、どうすればいいかと考え、たくさん練習をし、練習の仕方

も工夫する。そして、その成果が実り、実際に強くなっていく。だから強くなるためには、負けるということが非常に貴重な体験になっている」というのです。

悔しい思いは決して忘れないこと

こう考えることができれば、もう「負ける」ことなど怖くはなくなるのでしょう。失敗や挫折も怖くなくなるのではないでしょうか。負ければ負けるほど強くなれるのですから、むしろ「負ける」ことは喜ばしいことにも感じられてくるのではないでしょうか。私たちも、ぜひ、こういう考え方を見習いたいものです。

・出世競争に負けた。同期入社の同僚たちはどんどん出世していくのに、自分だけがいつまで経っても出世できない。給料も上がらない。

・どちらが早く結婚できるか競争していた女友だちに、先を越された。自分が、その女友だちよりも、女として劣っているように思えてきて仕方ない。

・自分は、いじめられやすい性格なのだろうか。学校に通っている時もよくいじめられたが、会社で働くようになった今も、とかく上司からいじめられてしまう。

このような、涙が出るほど悔しい思いを経験したという人は、みなさんの中にもいるでしょう。しかし、そういう、いわば「負けた」経験が、自分をいっそう強く、たくましくしてくれるのであれば、出世競争も負けることも、友だちに先を越されることも、上司からいじめられることも、悔しいことでもつらいことでもなくなるのです。むしろ、自分を強くする、たくましくする「貴重な体験」になるでしょう。

勝とう勝とうと意気込むよりも、いっそどんどん負けてしまおう、といいたくなるくらいなのです。

失敗を恐れず、果敢に飛びこんでいこう

松下電器産業の創業者である松下幸之助さんも面白いことをいっています。

「仕事でつまづくことを恐れてはいけない」

また、「提案した企画が、会社の上層部からすんなりと認められなかった。売り上げが、予想外に伸びていかない。思わぬアクシデントに見舞われる。そういったことは、どのような仕事であれ、一つや二つ起こり得ることである。だから失敗などと考えてはいけない。いや、むしろ、このような『つまづき』に見舞われた時には、自分は成功に一歩近づいたのだと考えよう」とも、いっています。

さて私は、ふたりがいっているのは「負ける」「つまづく」「失敗する」ことで、

「自分はもうダメなんだ」

「これ以上がんばっても意味がない」

「なんて自分は弱い人間なんだ」

と考えてはいけない、ということなのだと思うのです。

ちょっとしたことで、すぐに「もうダメだ」と泣き言をいってはいけないのだ、すぐにヘナヘナとなってしまってはいけないのだと思うのです
たとえ悔しい、情けない敗北、つまづき、失敗であっても、これをもっと前向きに、肯定的に、

「自分は今、とてもいい経験をしている」

「なんてありがたいんだ。自分はこれで成功に近づける」

「この試練によって、自分はたくましくなる」

と考えなくてはいけないのでしょう。

このようにポジティブに考えていくことが、自分の人生に幸運を呼び込み、そして自分に自信を持って幸福に生きていくには、とても大切なことなのです。

自信過剰の人ほど、ちょっとした失敗で立ち直ることができなくなる

負ける、失敗する、挫折する。そういう体験によって、私たちは「自分に謙虚になる」ことができます。これは、とても大切なことではないかと思います。

謙虚な気持ちになって、自分の力の足りなさ、努力の足りなさ、勉強不足を反省し、そのことによって「もっとがんばろう。がんばって、もっと強くなろう」という気持ちが生まれてくるからです。

もし、誰にも負けたことなどない、人生で一度も挫折したことなどない、という人がいるとすれば、その人のほうがずっと不幸なのではないでしょうか。

ある精神科医の報告によると、世をはかなんで自殺する人には、あんがいエリート街道をまっしぐらに生きてきた人が多いのだということです。学校の成績はいつもト

ップクラスで一流大学を卒業し、一流の会社に就職し、まさに「挫折なき人生」の人が社会に出ます。そしてたいしたことではないのに上司から叱られたり、連絡ミスをしたなどで悩んでしまうのです。これまでに失敗や挫折を味わったことがなかっただけに、そんなささいなことでも気に病んで、自分に自信を失ってしまい、「もう死にたい」という気持ちになったりするのです。

エリートではなく仕事のやり方がヘタで、上司からしょっちゅう怒られているような人なら、たとえ上司からガミガミ怒られたとしても、「また怒っている」ぐらいの軽い気持ちで受け流してしまいます。そういう人のほうがむしろ、精神的にタフであり、たくましいのかもしれません。

精神的に優位に立つにはどうすればいい？

まあ、それはさておき、ある将棋の棋士《ぎし》が、こんな話をしていました。

「勝負の世界では、何であれそうでしょうが、対戦相手に精神的に優位に立つことが大切なのです。いかにも自信のないような態度で対局の場に臨めば、対戦相手に迫力負けしてしまって、それだけで勝負が決まってしまう。ですから、自分に自信を持って対戦に臨まなければならない」というのです。

また、「自分に自信を持つのはいいのだが、自信を持ちすぎると、かえってうぬぼれが心の中に生まれてしまう。このうぬぼれが生まれると、対戦に勝つことができなくなるから要注意だ。相手を甘く考えてしまって、差し手がスキだらけになり、そのスキを突かれて痛い目に会う」ともいいます。「うぬぼれ」とは、自信過剰のことでしょう。将棋の世界だけではないように思います。

うぬぼれがすぎると挫折を招く

「八起会《やおきかい》」という、全国の経営者の団体があるのです。ここに集まった経営者は、過去自分の会社を倒産させてしまったという経歴のある人たちです。「八起会」の「八起」は、「七転び八起き」という言葉から取ったものです。「一度、苦い挫折を味わった自分たちだが、もう一度がんばって再起しよう」という思いが込められています。

さて、この団体では、定期的に経営者が集まって、過去に自分たちが会社を倒産させてしまった経緯や原因を自分なりに分析し、報告し合うことになっているのですが、そこで多くの経営者から語られるのは「自分は自信過剰になっていた」という反省の弁です。

「一時期、会社の経営がとてもうまくいっていた時期があった。そういう時こそ謙虚になり、気を引き締めて経営にあたっていれば良かったのだが、そこで自信過剰になってしまった。うぬぼれの気持ちが生じてしまった。そのために、新規事業に次々に手を出した。自分の力があれば、どんなことでもうまくいくと考えていたからだ。しかし、それは誤りだった。今になって考えてみれば、自分など、それほどの経営者ではなかったのだ。その時はそれがわからず、ムリな投資を繰り返し、結局は会社を倒産させてしまった」と述べる人が圧倒的に多いというのです。

時代が不景気になって売り上げが落ち込んだとか、取引先の倒産に巻き込まれたなどという理由から、倒産の憂き目に会ったという事例はむしろ少数で、ほとんどは経営者自身のこのうぬぼれが原因で会社をつぶしたというケースなのです。

これは私たちも、肝に銘じておかなければなりません。確かに「自分に自信を持つ」ことは大切なことです。しかし、そこに自信過剰、うぬぼれが生まれると、かえって不幸な出来事を招き寄せる要因になってしまいます。自信を持つ、しかしそれと同時に、謙虚でいるということも忘れてはならないのです。

不器用な人であっても、何度も繰り返すうちに自信がついてくる

「器用な人を見ていると、自分に自信がなくなってしまいます。私は不器用だから、人が一度で覚えられること、できることであっても、何度もやらなければうまくいかないんです」という人がいます。

しかし、そんなことで自分に自信を失う必要はないと思うのです。

中国の古い思想書である『中庸』に、こんな言葉があります。

「人一度《ひとたび》にしてこれを能《よ》くすれば、己《おの》れこれを百度《ひゃくたび》す。人十度《とたび》にしてこれを能《よ》くすれば、己れこれを千度《せんたび》す。果たして能《よ》くすれば愚《ぐ》も必ず明《めい》なり」

現代語に訳せば、

「器用な人が一回でうまくできることならば、不器用な自分は百回しよう。器用な人

が十回でうまくできることならば、不器用な私は千回しよう。そのぐらい努力すれば、いくら不器用な自分であっても、うまくできないものはないはずだ」ということです。

何事も粘り強く取り組もう

たとえば、こういうことです。

「自社の新製品を取引先に売り込む。営業のやり方が器用な人であれば、取引先を訪問して一度商談をするだけで契約を取れるのかもしれない。しかし不器用で、一度ではダメだというのであれば、何度も何度も取引先に通って懇切丁寧《こんせつていねい》に商品説明をし、熱意を相手に伝えて契約を取ればいいではないか」ということです。

一度でうまくいかないことであっても、何度も繰り返せば、不可能なことなどない、という意味です。いけないのは「自分は不器用だから」という理由で、努力することをやめてしまうことです。

得意先を一度訪問して、商談がどうもうまくいかない。もう少し商談を重ねてみれば成約につながる可能性があるのかもしれないのに、それ以上努力するのが面倒になって、「私の営業力ではもうこれ以上はムリです」と決めつけて簡単にあきらめてしまう。これではいけません。

努力を怠らなければ成功を手にするチャンスが

発明家のエジソンは、白熱電流を発明するまでに何千回も失敗を繰り返したといいます。大きな成果を上げるためには、やはりそれくらいの根気も必要になってくるのです。そういえば、エジソンも必ずしも「器用な人生」を生きた人ではありませんでした。ご存知のようにエジソンは中学校もまともに卒業することができませんでした。授業中にいつもボーッとして先生の話を聞いている様子がないので、「あの子は知能の発達が遅れているのではないか」と良からぬ噂を立てられてしまいます。そして、それが原因で学校を退学することになったのです。その後エジソンは、科学の知識などはすべて独学で学んだのです。

それでも数多くの偉大な発明をし、億万長者になることもできたのです。その成功の裏にきっと、エジソンの「人一度《ひとたび》にしてこれを能《よ》くすれば、己《おの》れこれを百度《ひゃくたび》す」という精神、つまり根気強さがあったのではないでしょうか。

ある大工の棟梁《とうりょう》がいっていました。

「若手で、とても手先が器用な人間がいる。何も教えなくても、カンナの削り方も、釘の打ち方もとてもうまい。一見こういう若手は、将来有望のように思えるが、実はそうではないのだ。こういう器用な人間に限って、自分へのうぬぼれが生まれ、努力することをやめてしまう。だから大成しないのだ。むしろ不器用な人間のほうが、『うまくなりたい。いい大工になりたい』という一心で、まじめにコツコツ努力していくから、将来的には、こういう人間のほうが大成する」というのです。

先の『中庸』の「果たして能くすれば愚《ぐ》も必ず明《めい》なり」という言葉の真意も、実は、ここにあるのかもしれません。この言葉は単に「努力をすれば、いくら不器用な自分であっても、うまくできないものはないはずだ」という意味だけではなく、「器用な人間よりも、コツコツと努力を積み重ねていく不器用な人間のほうが、ずっと賢いのだ。すぐれているのだ」という意味があるのではないか、と思うのです。

「自分は不器用だ」と自信を失う必要はまったくないのです。努力さえ続けていれば、むしろ不器用な人間のほうが大きな成果を上げる可能性を秘めているのですから。

「自信がない人」に限って、「無謀な挑戦」をしたがる

負けることを恐れてはいけない。失敗することを恐れていては何もできない、と述べてきました。ただ一つ、注意しておきたいのですが、初めから成功することなど到底期待できないような、失敗することが目に見えているような、無謀な挑戦ばかりするというのでは困るのです。

みなさんの周囲にも、こういう人がいるのではないでしょうか。

学校の成績は悪く、三流大学の合格すら危ぶまれるくらいなのに、受験の一週間前になって突然、「ぼくは東大を受験します」などといい出す人。

これまで、これといった仕事の成果を上げたこともないのに、とてつもないようなビッグプロジェクトの企画を提案する人。入社十年でまだ平社員でいる人が、新年の

抱負で、「私は今年は役員にまで昇進するつもりだ」などといい出す人。こういう、いわば話の大きすぎる、無謀ともいえるようなことをいい出す人たちです。実は、こういう人たちに限って、内心は自分に「自信を持てない」傾向があることも、付け加えておきましょう。

自信がない人の心理とは

心理学に、こんな実験があります。大学の生徒を集めて、まず面談を行います。この面談は、学生たちの「自意識」を調査するものなのです。ふだんの学校の勉強に、自分がどの程度自信を持っているかを調べるのです。この面談で自信がある人なのか、それとも、あまり自信がない人なのか、判断するのです。

さて、次に学力テストが行われます。試験では、二種類の試験用紙が配られます。一つは、かなり学力がないと問題を解けないような難問ばかり、もう一つは、平均的な学力が備わっていれば、比較的容易に回答できる問題が中心のテストです。

そして実験者は、学生たちに、「どちらのテストを受けるかは、あなた方の自由です。自分の学力に合わせて、自信があるという人は、むずかしいほうを選んでください。そうでない人は、やさしいテストのほうを選んでください」と述べるのです。

この心理実験は、学生の自意識と、選択するテストに、どのような関係があるか調べることが目的でした。さて、その結果、面白い結果が出たのです。

先の面談で「自分の学力に自信がない」といった生徒ほど、難問ばかりのむずかしいテストを選ぶ傾向が強かったのです。

自信がつけば、失敗を恐れなくなる

なぜ、このような結果が出たのか。一つ考えられるのは、「失敗を恐れる心理」です。「失敗を恐れるのならば、初めからやさしいテストを選ぶのではないか。そのほうが、失敗する心配が少ない」という人がいるかもしれませんが、ここが人間の心理の微妙なところなのです。

もし、やさしいテストを選んで、なおかつ、そのテストで悪い成績を残したら、どうなるか。「こんな問題も解けないの」と、周りから白い目で見られることになるのではないか。実は、「自信のない人」の多くは、そう考えてしまったのです。

それならば、むずかしいテストを選んだほうが、結果としてテストの成績が悪くても、「やっぱり、ふつうの大学生には、こんな難問を解くのはムリだよ。よほどの専門家でなければ、ムリなんじゃないか」といいわけすることができる。だから「自信のない生徒」たちは、むずかしい試験のほうを選んだのです。むずかしいテストならば、失敗しても当然。失敗したことで、白い目で見られたり、バカにされたりすることはない。そういう心理が働いたと考えられるのです。

職場の企画会議で、「それは、ちょっとむずかしい。成功する見込みなど、まずないな」という、無謀ともいえるような提案ばかりする社員。あるいは、「一年後に、億万長者になってみせる」などと夢物語のようなことばかりいっている人。

こういう人も結局は、本気で「やってやる。夢を実現させてやる」と考えているわけではないのです。「差しさわりのないような目標を掲げ、もし失敗したらどうしよう。それならばいっそ、初めからムリな目標をかかげよう」という心理があるのです。また自分自身のコンプレックスから、人をびっくりさせようと思って、大きな発言をする人もいます。

本当に「自信のある人」は、そういう無謀なことは口にはしません。努力すれば、「これは成功する」と確信が持てるものにしか挑戦しないものなのです。

何をやったらいいのかわからない人は、人に尽くすことを目標にしてみよう

「生きる目標が見つからない」という人がいます。

「こういう人生を送りたい」「何年後にはこうなっていたい」というものがないのです。毎日をただ漫然と過ごしています。生きていく張り合いがありません。食べることと寝ることだけに楽しみを感じるという生き方です。

まあ、このような生き方は、その人自身がつらいのではないでしょうか。本当なら、何か一生懸命になって打ち込める、熱中する「人生の目標」を持ちたい、そう願っているのではないでしょうか。しかし、「何かに打ち込んでみたいという気持ちはあっても、何をしたらいいのかわからない」といったところなのでしょう。

ある男性の話をしましょう。

彼も昔、「生きる目標が見つからない」と悩んでいました。大学に通っていた頃のことです。彼は四年生で、来年は、どこか就職先を見つけて働かなければなりません。しかし自分が、どういう職業につけばいいのか、いくら考えてもわからないのです。これといって、やりたいと思う仕事、自分がやりがいを持って働ける仕事とはどのようなものなのか、それがわからないというのです。

彼の周囲にいる学生たちは次々と、就職先から内定をもらってきます。そんな人たちを傍目に見ながら、彼は就職活動はいっさいせずに、毎日ブラブラしていたのです。あせる気持ちは、もちろんありました。自分も早く会社から内定をもらいたいという気持ちもありました。

ふとしたことから人に尽くす喜びを知る

働くことがイヤなわけでもありません。一生懸命になって何かに打ち込んで働きたいという気持ちはあったのです。しかし、何に打ち込めばいいのか、それがわからないのです。

そんな、ある日のことでした。友人の一人が、あるボランティア団体に参加していて、「君もいっしょに参加してみないか」と誘われたのです。

彼は何気ない気持ちから、そのボランティア活動に参加してみることにしました。活動の内容は、中国からやってきた若者たちに、日本語を修得するための指導をする、というものでした。たまたま大学で中国語を専攻していた彼は、中国語も日本語も使いこなせます。ですから、このボランティアには、うってつけであったのです。

ところで、そこに日本語の勉強にきている中国の若者たちは、みな確固とした自分の目標がある人たちばかりでした。つまり日本語を修得し、日本の大学へ入学する。そして高度な専門知識を修得し、社会に出てからはそれを活かし、成功したい、という強い目的意識を持った人たちばかりであったのです。

彼は内心、そういう「人生の目標」がしっかりある中国の人たちを、うらやましく思いました。そして、彼らが自分の目標を達成するために自分も少しでも役立ちたいという気持ちから、一生懸命に日本語を教えたのです。

〝自分のため〟ではなく〝他人のため〟に生きる

その際に、彼は、はっと気づかされました。

「自分には、『人生の目標』と呼べるようなものはない。そのために何をしたらいいかわからなくて悩んでいる。しかし、そう自分にこだわらなくてもいいのではないか。こういうことをしたいという目標がある人たちのために、その目標を成し遂げるための手伝いをする。そういう生き方もあるのではないか。また、『自分のため』ではなく、いわば『他人のため』の生き方であっても、十分にやりがいを持って生きていくことができるのではないか」

そう気づいた彼は、大学を卒業後、青年海外協力隊に応募し、貧しい国へ出向き、そこで恵まれない人たちを助ける仕事をしたのです。

私は、この話を聞いて、思わず「なるほど」と思いました。

「生きる目標が見つからない」という人は多かれ少なかれ、「自分の目標」というものにこだわりすぎているのかもしれません。

彼がいう通り、「他人の目標」のために尽くす、という生き方もあるように思うのです。自分の幸せのためではなく家族の幸せのために、隣人のために、その他もっと多くの人のために、ひいては世の中のために、自分のことを犠牲にして尽くす。そういう生き方も立派な、自信を持っていい生き方です。

一歩一歩着実に歩んでいこう。自信は少しずつしか育たない

何をやっても、うまくいかない。どうしても自分に自信を持てない、という人は、「できることから始める」というのも、失われた自信を回復する一つの方法ではないでしょうか。

たとえば、ビル・ゲイツが莫大な資産を持ち、大金持ちであることを知り、「よし、俺もビル・ゲイツみたいにお金持ちになってやる」と考えたとします。

しかし、その目標があまりに荒唐無稽《こうとうむけい》で、どう考えても到達不可能なものであったりすれば、途中で挫折して、かえって自分に自信をなくしてしまうことになります。自分に自信をなくし、「どうせ、自分には何もできないんだ」と考えるようになるのがオチでしょう。

身近なことに目標を設定しよう

ですから、まずは手の届くような、達成可能な目標を持つことから始めるのがいいのです。

大金持ちになるにしても、最初は十万円貯金することからスタートします。十万円溜めることぐらいでしたら、多少倹約すれば、誰にでもできるはずです。

さて十万円貯金をした。次には、貯金が二十万円になるまでがんばろう、という目標を定めるのです。

二十万円溜まった。その次には三十万円、その次には四十万円と、その目標をだんだん高めていくのです。そうすることによって一歩一歩、目標に近づいていけるのです。それを一気に、明日にでもビル・ゲイツのような大金持ちになろうとするから失敗するのです。

「千里の道も一歩から」という諺があります。

いってみれば、「自分に自信を持つ」ということも、この諺通りなのです。

今までは、生きることにまったく自信を持てなかった自分が、明日の朝、目がさめたら、見違えるように自信満々の自分になっていた。そんなことはありえないのです。

また「自分に自信をつける」ということを、あまり性急に考えないほうがいいのです。

自分の力でも十分に「できる」何かを設定して、それを一歩一歩着実に進めていく。それにともなって「自信」も、少しずつ、育っていくものです。

水泳を習う子供は、まず25メートル泳げるようになることを目標にします。25メートル泳げたら、そこに「小さな自信」が生まれます。

25メートル泳げるようになったら、今度は50メートルです。そして、50メートル泳げたら、「小さな自信」はそれよりも「ほんの少し大きな自信」に生まれ変わります。雪だるまを大きくするように、そんなふうに「自信」を育てていってほしいのです。

第8章
小さいことでも自分をほめる

反省するのは大切だ。しかし、いつも反省ばかりでは生きるのがつらくなる

時には自分の生き方を振り返って、「私には、こういう悪いところがある。こういう点を注意しなければ」「私は、だからダメなんだ。これからは別の方法を考えよう」と反省してみることは、とても大切なことです。ある意味、向上心の表れです。自分の人生をもっと実りあるものにしたい、もっと幸福な生き方をしたい、こういう思いがあるからこそ、これまでの自分を反省し、新しい人生を模索するのです。

しかし、いつもいつも反省ばかりでは、かえって生きるのがつらくなってきます。

自分に厳しい生き方をすることは、それだけで立派なことです。

ただ、それにも限度というものがあって、度を越して自分に厳しくなりすぎると「生きる喜び」をまったく感じられない人間になってしまいます。

あるバレリーナの話を紹介しましょう。

彼女は幼い頃からバレエを始め、踊ることが楽しくて仕方ありませんでした。レッスンをすることは、ちっとも苦痛ではなかったそうです。とにかく踊ることが楽しくて、できることなら、もっともっとレッスンを受けていたいという気持ちが強かったそうです。そういう彼女ですから、どんどん上達していきました。そして高校を卒業してからは、プロのバレリーナになる決心をしたのです。

自分を律するのもほどほどが大切

さて、プロとして活動するようになってからのことです。以前は踊ることがあれだけ楽しかったのに、だんだんと楽しくなくなり、むしろ苦痛にさえなってきたというのです。一時期は「もう踊ることなんて、やめたい」と考えるようになりました。

そんな苦しい感情を抱えながら公演の舞台に立っているある日、思わぬアクシデントが起こりました。高く飛び上がって着地する時に、足のアキレス腱を痛めてしまったのです。彼女はしばらくの間、休養することを余儀なくされました。

そこで、自宅で安静している間、彼女はふと気づかされたのです。なぜ踊ることが楽しくなくなったのか。苦痛になってしまったのか。

「プロになることが決まった時、意気込みすぎてしまったのです。プロとして、お客さんからお金をもらって踊るからには、絶対にヘタな踊りなど見せられない。そのためには、もっと踊りがうまくならなくては」と、そう考えた彼女は、今までよりも倍以上の時間をレッスンに費やすようになりました。

体に疲れが溜まって「今日は、少し休みたいな」という時であっても、「プロなんだから、甘えちゃいけないんだ」と自分を厳しく律するようになりました。

その他にも、厳しい食事制限を課し、気晴らしにどこかへ遊びにいくことも自ら禁じ、とにかく毎日のように「こんなことじゃダメだ。もっと、がんばらなくちゃ」と自分を激しく叱りつけていたのです。そのうちに「踊ることが、だんだんに苦痛に思えてきたんです」というのです。

好きなことは楽しみながら取り組む

しかし彼女は、思わぬケガで休養を余儀なくされた時に、考え方を変えました。

「もちろんプロなのだから、自分に厳しくするのは当然のことだ。しかし、これからは、ある程度余裕を持って生きていこう。そうしないと、楽しい気持ちで踊ることができない。楽しい気持ちで踊るからこそ、それが観客に自然に伝わって、観客も喜んでくれるのだから」

実際、半年後に舞台に復帰した彼女は、以前にも増して観客から盛大な拍手を送られるようになり、人気も高まっているそうです。

また彼女自身、踊ることの楽しさを、ふたたび感じ取れるようになったのです。

向上心から自分に厳しくする。反省する。これは大切なことなのですが、そのために生きるのがつらくなるのでは、何の意味もありません。

幸福な人生を実現するどころか、生きていく自信を失って、「もう、どうだっていい」と自暴自棄になることさえあるのではないでしょうか。

ですから、このバレリーナのように、まずは「楽しむ」ことを優先して考えてほしいのです。自分の生き方を反省するのは、それからでいいのです。

生きることを楽しみ、生きることを喜ぶ。結局それが、「生きることの自信」につながっていくのではないかと思うのです。

人から嫌われているのではない。自分で自分を好きになれないだけなのだ

厳しすぎるほどの反省を繰り返しながら生きている人は、知らず知らずのうちに、表情がとても暗いものになります、まるで苦虫をかみつぶしたようなイヤな顔になっていきます。それとは反対に、楽しく、喜びを持って生きている人の表情は、とても明るいのです。いい笑顔でほがらかに、いつも笑っています。

ところで、こういうこともいえるのではないでしょうか。

自分を好きになれない人は、やはり表情が暗いのです。その顔には笑顔などありません。反対に自分のことを、とても好きな人は、表情が明るいのです。明るい笑顔が絶えません。

あなたも、自分の顔を鏡に映して見てください。もし自分の表情が暗く、落ち込ん

だ顔に見えたら、それはあなたが「自分を好きになれないでいる」証拠なのです。

嫌われているという思い込みがトラブルを呼ぶ

よく、「自分は、みんなから嫌われている。自分を好きになってくれる人なんて、誰一人いない」「どうして、みんな、自分をこんな目で見るんだろう。みんな、ぼくをバカにしているんだ。軽蔑しているんだ」と訴える人がいます。しかし、それはちょっと違うのです。実は、こういう場合、「自分が自分を嫌っている。好きになれない」ということが多いのです。

自分を好きになれなくて、いつも不機嫌な顔ばかりしているから、自然に周りにいる人から敬遠されてしまうのです。

しかし、それがわからずに、この人たちは「どうしてみんな、自分から遠ざかっていくのだろう。自分にどこかいけないところがあるのかな」と悩むようになります。

そして悲しいことに、そんな悩みがますます表情を暗いものにしていきます。さらにまた、その暗い表情を見て、ますます周りの人はこの人から遠ざかっていくのです。こんな悪循環が始まってしまうのです。

自分を好きになれない人は、また、よく人とイザコザを起こします。どうして人が自分から遠ざかってしまうのかわからない、自分は人から嫌われていると思い込んでいるので、ちょっとしたことで人と衝突し、怒りを爆発させてしまいます。

職場では同僚や上司といい争いになり、友人とはすぐにケンカになり、家族とも反目し合うことになるのです。これが原因となって、結局孤立していきます。隅のほうへいって、いつも寂しそうにしているのです。そしてまた表情が暗くなっていく。これも悪循環の始まりです。

自分を好きになるちょっとしたヒント

もう少し、自分を好きになる努力をしてみたら、どうでしょうか。

そのためには、どんなことでもいいですから、一日のうちに何度も、自分をほめる習慣を持ってください。

朝、鏡を見ながら、「私は今日も、とってもすてきだ」と自分に語りかけてみてください。会社の仕事をやり終えた時には、自分に向かって、「ご苦労様。よく、がんばったね」といってみてください。

何か失敗をした時にも、「ダメだ、ダメだ。だから私はダメなんだ」と、自分をいじめるようなことをいってはいけません。

「こんなことを、よくあることだよ。だいじょうぶ、挽回できるさ」と、そんな自分を許してあげてください。また、自分の長所を10個以上書き出してみてください。

これが自分を好きになる、ちょっとしたコツです。

自分を好きになって、自分を愛しながら生きている人は、とても幸せそうな顔をしています。満ち足りた、明るい表情をしています。

そして、幸せそうな顔をして生きている人はまた、誰からも愛されます。その人のそばにいるだけで、自分自身も幸福になれるような気がしてくるからです。

あなたも、人から愛され、また人を愛しながら生きていきたいと望んでいるはずです。そのためには、まず、あなた自身が自分を好きになることから始めなければなりません。

自分をほめる習慣を持つことで、生きるのがずっと楽しくなる

自分の生き方を反省することは大切なことです。それと同時に、いいえ、それ以上に大切なことは「自分をほめる」ことではないかと私は思います。

多少話はズレるかもしれませんが、たとえば育児です。子供をすこやかな人間に育てるためにもっとも大切なことは、ほめてあげることです。

「〇〇ちゃん、よくできたわね。おりこうさんね」と、心からほめてあげるのです。両親からほめられることによって、子供は幼いながらも自分への自信を深めていき、すこやかな人間に成長していくことができるでしょう。

私は、「自分を育てる」ということも同じことではないかと思います。自分をほめる習慣を持つことで、自分という人間はすこやかに育っていくのです。生きていく自

信も身についていくのです。自分を叱ってばかりの人は、性格がイビツなものになってしまいます。ひねくれた性格になるのです。

人は叱ればいいというものではない

これも「子育て」と同じでしょう。もちろん子供が悪いことをした時には、叱ることも大切です。しかし、いつも厳しく叱ってばかりでは、子供の性格もやはり、どこかひねくれてしまうのです。

先に、自分を好きになれない人は人間関係でとかくイザコザを起こす、と述べました。その原因の一つも、この「ひねくれた性格」にあるのです。

自分を好きになれない人は、自分を叱ってばかりいます。自分をほめることがありません。ですから知らず知らずのうちに性格がひねくれていくのです。たとえ誰かから、好意を持って、「私は、あなたのことが好きなんです。いい人だと思っています」といわれたとしても、いわれた人はその言葉を素直に受け取ることができません。「そんなことをいって、内心は自分のことをバカにしているんだ。好きだなんていっているけれど嘘に決まっている」と、ひねくれた受け取り方しかできないのです。

結局人の好意を素直に受け取ることができないので、この人は、心から理解し合える人、心から愛し合える人を作ることができません。

いつも孤独の中で苦しんでいなければならないのです。

自分へのほめ言葉を日記に書いてみる

ある女性を紹介しましょう。

彼女もやはり、自分を好きになれないと悩んでいる一人でした。「自分は嫌われている。自分は軽蔑されている」という一種の被害妄想のようなものに取りつかれてしまって、学校へ通っていた時も、社会人になって会社で働くようになってからも、いつも一人ぼっちでした。友だちも、恋人もいませんでした。

そんな彼女が、ある時から、日記をつけるようになりました。日記の中で、自分をほめる習慣を身につけていったのです。

・今日は、知らないおばあちゃんが道端で、荷物を重たそうにかかえながら歩いていたので、私はその荷物を運ぶのを手伝ってあげた。こんな親切な私が大好きだ。おばあちゃんからも、とても感謝された。

・今日は、自分で料理を作った。肉じゃがを作った。とても、おいしくできた。家族も喜んで食べてくれた。料理のうまい私は、いいお嫁さんになれるに違いない。料理のうまい私が、私は大好きだ。

・今日、テレビで、お笑い人気タレントの番組を見た。とても面白かった。私は大いに笑った。とても、いい笑顔で笑った。私は自分の笑顔が大好きだ。

といったように、「自分をほめる」ことを中心にして、日記を書き進めていったのです。その結果、自分へのわだかまりがだんだんなくなっていき、ひねくれた性格も素直になっていきました。そして、それまでは苦手だった人間関係もうまくいくようになり、今では友だちもたくさんでき、心から愛し合う恋人ができたのです。

自分を好きになれない人は、人からほめられることが苦手です。人から好意を寄せられることが苦手です。ですから人間関係がうまくいかないのです。

人から素直にほめられる。素直に人の好意を受け取れる。そういう人間になるためには、自分をほめたり、好きになる練習をしてみてください。

きっと、人間関係はうまくいくようになるでしょう。そして、幸福に生きていく自信も育っていくのではないかと思うのです。

自分への欲求水準を下げれば、もっと生きるのが楽になる

自分への欲求水準がとても高すぎるために、自分を好きになれない人もいます。エリート意識が強い人に多いのです。

エリート意識が強い人は、自分は特別な存在でいたい、自分はいつでも光り輝いていたい、自分は人よりも抜きん出ていたい、などという気持ちがとても旺盛です。ですから、いつも自分に、こんなことをいい聞かせているのです。

・職場では、いつも華々しい活躍をする存在でいなければならない。
・仕事は、きっちりとこなさなければならない。
・恋人の前ではいつでも、かっこ良くしていたい。
・スポーツもでき、勉強もでき、仕事もでき、出世もできる人間でなければ、生きて

いる価値などない。

・いつも、どんなところでも、誰からも好かれていたい。

しかし考えてみてください。どんなに優秀な人間であろうとも、そうそう人生はうまくいくとは限らないのです。

すべてに万能である必要などない

確かに仕事で大活躍をする時もあるでしょう。周囲の人たちから、「すごいですね。さすがですね」と持ち上げられることもあるでしょう。しかし、いい時があれば、悪い時も必ずあるのです。業績が伸びずに、上司から「どうなっているんだ」と叱責されることもあるのです。恋人の前で思わぬ失態を演じて、恥をかくこともあるでしょう。あなたを好きになってくれる人もいるでしょうが、わけもなくあなたを毛嫌いする人だっているのではありませんか。

スポーツも勉強も仕事もと、すべてに万能である人など、まずいません。ほとんどの人が、運動能力はあるが勉強はダメ、頭はいいが出世はできない、といったような人ばかりなのです。

人間である以上、これは仕方のないことなのです。

自分への欲求水準が高い人は、「自分は完璧でなければならない」と思い込んでいます。ですから、ちょっとした失敗、またちょっとしたことでも自分に満足できないところが出てきたりすると、すぐに絶望的な気持ちになって「自分は、もうダメだ」と頭を抱えてしまうことになるのです。

完璧な自分を目指すのはやめよう

上司からちょっと怒られただけで、「ああ、もうぼくは出世なんてできないんだ」とシュンとなって、仕事への意欲をまったく失ってしまいます。恋人から、たまたま「その洋服、あまり似合わないんじゃないかな」といわれただけで、「この人は私を捨てようとしているんだ」などと極端な考えを持ってしまったりもします。

そして、どんどん自分のことが嫌いになっていくのです。結局、自分のことが嫌いになれば、つらい思いをかかえて生きていくしかなくなるのです。

もう少し、自分への欲求水準を下げてみたらどうでしょうか。

第一、「いつも、こうでなければならない」と神経をピリピリさせながら生きていくのは、とても疲れることです。

そういう人は仕事を終えて家に帰る頃には、ぐったりとしてしまって何もできなくなるといった毎日を送っているのではありませんか。人生は100点主義ではなく、80点主義でいいのです。

自分への欲求水準を下げるということは、肩肘を張らずに「自然体で生きる」ということです。「自分を大切にする」「自分を好きになる」ということです。

自分を嫌いなままでは、自分を大切にすることはできません。自然体で生きることはできません。多少の失敗をする自分であってもいいのです。性格的に一つや二つ欠点のある自分であってもいいのです。そんな自分であっても、かけがえのない、大切な自分であることを忘れないでください。

自分を好きになる大切さを知った時、ささいな失敗をしたとしても、そのことで自分への自信を失うようなことはありません。「失敗する自分」「ドジな自分」であっても、そんな自分を許し、そんな自分に誇りを持って生きていけるようになるのです。性格に多少欠点があっても、そんな自分に自信を持って生きていけるようになるのです。

がんばった時は、自分にごほうびをプレゼントしよう

あなたは、職場の上司に有給休暇の申し出をする時に、ちょっとした後ろめたさを感じることはないでしょうか。あるいは、「有給休暇の申し出などして、もし上司に不愉快な顔をされたらどうしよう」などと不安に思う気持ちになったことはないでしょうか。もし「ある」と答える人がいたとすれば、残念ながら、あなたはまだ自分に自信を持てないでいるのです。

自分に自信を持っている人であれば、また自信を持って日頃の仕事に精進している人であれば、有給休暇の申し出など社員の正当な権利なのですから、何も後ろめたさなど感じる必要はないはずです。

よけいな心配などせずに、正々堂々と「休ませてください」といえるはずです。

それができないのは「自信がない」証拠なのです。

ところで、あなたは最近、自分に何か「ごほうび」をあげたことがあったでしょうか。人からもらう「ごほうび」ではありません。自分で自分にプレゼントする「ごほうび」です。ある女性は、「ここのところ私はがんばっている。よく働いている」と感じた時には、ちょっと高級なイタリア料理店へいって、ちょっと高価なワインを一本頼んで、ちょっとリッチな食事を思う存分楽しむのだといっていました。

それが彼女の、自分への「ごほうび」なのです。

ごほうびがないとヤル気もわいてこない

あなたも、こういう習慣を持ってみたらどうでしょうか。

人一倍がんばった時、人にはできないようなことをした時、人に喜ばれるようなことをした時、そんな時には、自分への「ごほうび」として温泉や海外旅行へいくのもいいでしょう。きれいな洋服を買うのもいいでしょう。指輪やネックレスといった装飾品を買うのもいいと思います。

とにかく、がんばった時には、自分への「ごほうび」を贈る。これも自分を好きになるコツです。

人は、どこかで「報われたい」という気持ちを持っています。がんばった時には、がんばった分だけ、それに見合った報酬がほしい、という気持ちがあるのです。

そんな気持ちを満たしてあげるためにも、自分に何か「ごほうび」をあげてください。

何の「ごほうび」もなしに、ただひたすらがんばる、ひたすら働く、身を粉にして動きまわる、これでは肉体的にも、精神的にも、疲労が積もっていくだけです。いつしか疲れきってしまって、「もう生きていくのもイヤだ」という気持ちになっても仕方ありません。生きていくのに自信を失って、「私の人生って、何なのかしら」と、むなしい気持ちに襲われてしまうのです。

そういう状況におちいらないためにも、自分への「ごほうび」をあげるという習慣を持つことは、とても役立つのではないかと思います。

自分にあげたごほうびを心から喜ぶ

ところで、自分への「ごほうび」として温泉旅行を計画する時、ふと「私だけ温泉に行って、くつろいでいていいのか。何か、みんなに悪い気がする」という不安がよぎった人。自分のへの「ごほうびに」に指輪を買った時に、「こんな高い買い物をしていいだろうか。このお金を貯金しておくほうが賢明ではないか」という思いが生まれた人。こういう人も、先の有給休暇を出す時に後ろめたさを感じた人同様に、今ひとつ自分に自信が持てないでいるのではないでしょうか。

とにかく、「私はがんばった。もうこれ以上がんばれないくらいに、がんばった」と感じられた時には、他人のことなど気にせずに、思いきって旅行にいったり、買い物をしてほしいのです。せっかくの旅行なのです。せっかくの買い物なのです。不安や心配を引きずったままでは、せっかくの、そんな「ごほうび」を心から楽しむことができなくなってしまいます。

自分に「ごほうび」をあげる時には、それを心から楽しまなければ、何の意味もありません。心から楽しめてこそ、「生きていて良かった。がんばって良かった」という充実感が生まれるのです。

また、その充実感が、自分に対する自信へとつながっていくのです。

「自分ならではの人生」を見つけ、それを大切に育てていこう

ある酒造会社の二代目経営者の話をしましょう。

そこの初代の経営者は、酒造りの名人といわれた人でした。

おいしいお酒を造るので、お客さんの評判も非常に良く、「あの人の造ったお酒しか飲みたくない」という熱烈な支持者がたくさんいました。

二代目は、その初代のもとで酒造りの修行を重ねていました。

ところが、初代が急に病気になってしまいました。酒造りは重労働です。その重労働に耐えられないくらいの重い病気でした。

それからはもう、初代の助けを借りることはできません、二代目が酒の仕込みから何からすべて自分一人でやらなければなりません。

二代目はそれでも一生懸命に、初代から教えてもらったことを忠実に守り、必死になって酒を造ったのです。

しかし二代目が造った酒は、評判がよくありませんでした。「昔と味が違う。まずくなった」と、お客さんからクレームがつくようになったのです。

人と同じことをしているからかえって悩む

初代の酒の造り方と、自分の造り方と、どこかどう違うのか、二代目は悩みました。初代にいわれたまま、その通りに酒を造っているつもりなのですが、お客さんから「昔と味が違う」とクレームが寄せられるくらいなのですから、どこかで自分が初代のやり方とは異なったこと、間違ったことをしているはずなのです。しかし、いくら考えても、それがわかりません。

悩みに悩んだ末、結局どうすればいいかわからず、自分の酒造りに自信を失いかけていた時です。

病床の初代から呼ばれて、こういわれたのです。

「おまえはオレの酒の造り方を、ただ真似しようとしている。しかし人真似ではいけないのだ。おまえは、おまえのやり方で酒を造ればいい」

この言葉を聞いて、二代目は目からウロコが落ちるような思いであったといいます。

名人といわれた初代なのです。その名人の真似をしたところで、名人の造った酒を超える酒を作り出すのは、しょせんムリな話なのです。

初代の味に並ぶほどの、いやそれを上まわる、おいしい酒を造るためには、自分ならではの方法で酒を造るしかない、そう気づいたのです。

それからは「自分ならではの酒」を造り出すために創意工夫を重ねました。

その結果、最近では、「昔と味は違う。しかし、これはこれで、うまい酒だ」と、お客さんたちの評判も、また徐々に高まってきているのだといいます。

人の真似をしていては成功は遠い

この話を聞いて、「なるほど、そういうものだろう」と私は思いました。

何事においてもそうなのですが、単なる「人真似」では、人からの賞賛を得ることはできないのです。「自分ならではのもの」を、自分の力で作り出すことによって、人からの賞賛も得られ、また自分への自信も芽生えるのです。

よく雑誌などで、「私は、こうやって成功した。こうやってお金儲けをした」というような話を目にすると、すぐに自分も真似をしたがる人がいます。

しかし、いくら真似をしたところで、その通りに成功することはできません。結局失敗してしまって、「あの人はうまくいっているのに、自分はどうしてダメなんだ。自分には能力がないのか」と自信を失ってしまうだけです。

成功したいのならば、また幸福な人生を手にいれたいのならば、「自分なりの人生」を模索するしかありません。

そして、「これは自分が、自分の力で作り上げた人生だ。間違いなく、これは自分の人生だ」といえるようなものができあがった時、初めて生きていくことへの大きな自信が生まれるのです。

また自分を「よくやった」と、ほめることができ、自分を好きになることもできるのです。

さて人間は、樹木と同じです。

公園の木でも、道端の木でもいいですから、あなたの身近なところにある樹木を観察してみてください。

木は、少しずつしか成長していきません。

今日、自分の背丈くらいの高さだった木が、次の日には二倍も三倍もの大木になっていたということなど、ありえない話です。何年、何十年もかけて、本当に少しずつしか成長しません。

人間も同じです。人間も、少しずつしか成長していかないものなのです。

ですから、ムリをして背伸びをしたり、あせったりしてはいけないのです。

少しずつ成長していく自分を楽しんでください。少しずつ「自分ならではのもの」を育てていってほしいのです。

「自分ならではのもの」が自分の中で花咲いたことを確信できた時、あなたは「大きな自信」を持つことができます。

「私は幸福だ」と自信を持っていえるようになるのです。

第9章

「自信にあふれた自分」をイメージする

背筋を伸ばして顔を上げる。それだけで自信がよみがえってくる

首をうなだれて、いつも下ばかりを向いている。人と目線が合うと、すぐにそらしてしまう。か細い声でしか話さない。落ち着かない様子で、せかせかしている。

こういったしぐさは、「自信がない人」がよくするしぐさです。心に思っていることは、しぐさに出てしまうものなのです。ですから、心の中で、

「この件を突っ込まれると困るなあ。どう答えたらいいか、わからない。誰か、助けてくれないかなあ」

「ああ緊張してきちゃった、どうしよう。この場所から逃げ出したい気持ちだ」

というようなことを考えていると、無意識のうちにうつむいたり、声が小さくなったり……というしぐさが出てしまうのです。

心に動揺があると、自信も失われていく

ところで、多少論点を変えてみたいと思います。というのも実は、この逆のこともよくあるからなのです。心の中で自信がないことを考えているから、そんなしぐさが表に出てくる、というのではなく、自信がなさそうなしぐさをしているから、本当に心に動揺が起こって自信が失われていく、ということもあるのです。

何も後ろめたいことはないはずなのに、下ばかり向いていると、なぜか自分が後ろめたい人間のように思えてくるのです。あせる必要は何もないのに、せかせかしたしぐさをしていると、自然に自分がせかされている人間のように思えてくるのです。これも、いってみれば、潜在意識の働きです。マイナスのしぐさをとることで、そのマイナス情報が心に伝わっていく。そのうちに心は、すっかりマイナスの色に染まってしまうのです。

あなたは子供の頃、背中を丸めてションボリした格好でいて、両親から、「ちゃんと背筋を伸ばしなさい」と怒られた経験はないでしょうか。

もちろん、それには背中を丸めていると行儀が悪いという意味もあります。

しかし同時に、背中を丸めていると心まで暗くなっていく、落ち込んでいく、そうならないように「ちゃんと背筋を伸ばしなさい」という意味もこめられているのではないでしょうか。

この「心としぐさの相関関係」を、もっと応用して考えましょう。

心としぐさは密接に結びついている

答えに窮するようなことが起こって、どう受け答えしたらいいかわからない。そういう状況になった時こそ、申しわけなさそうに下を見るのではなく、背筋を伸ばして堂々とした態度をとるのです。そうすることによって、失いかけそうになった自信を取り戻すことができるのです。

そして、わからないのであれば、「わかりません」とはっきりと大きな声でいうのです。小さな声でいってはいけません。ごまかすようなことをいってもいけません。

そんなことをすれば、相手から「この人は、なんだか自信がなさそうだ。本当に、だいじょうぶかな」と、よけいな疑念を持たれるだけなのです。

緊張してきた時こそ、落ち着かない様子でせかせかするのではなく、胸を張って堂々としていてください。そうすることで、緊張も和らいでくるのです。

苦手な相手に対面した時こそ、目線を相手からそらすのではなく、まっすぐ相手の顔を見るのです。そうすることで、たとえ苦手な相手でも、自信を持って相対することができるのです。

「それはちょっとムリ」という人は、イメージ・トレーニングをやってみてください。背筋を伸ばして堂々としている自分、自信ありげに胸を張っている自分、相手から目線をそらさずに相手をしっかりと見ている自分、そんな自分の姿を心の中で想像してみるのです。

心の中に、自分のいいイメージを作ることで、自分への自信が養われていくのです。

そして「だいじょうぶ。私には自信がある。私は自信にあふれている」と何度も、心の中で自分に語りかけるのです。

そうすることで、心の中に生まれる自信は確固とした、強靭《きょうじん》なものになっていきます。こういうイメージ・トレーニングを繰り返すうちに、きっとあなたの中に、大きな自信が育っていき、実際の場面でもうまくいくようになるでしょう。

よい自己暗示をかければ、本当にいいことが起こる

ある落語家が、夜眠る前に、いつも行うことがあります。

声に出して、「オレは運がいい、オレは運がいい、オレは運がいい」と、何度も自分にいい聞かせるのです。この習慣を持つようになってから本当に、人生の歯車がうまく回転するようになったのだそうです。一種の自己暗示です。

その落語家が、まだ若かった時の話です。彼は、今でこそとても人気がある、有名な落語家になっていますが、若い頃はずいぶん苦労もしました。高校を卒業してすぐに、ある師匠のもとに弟子入りしました。師匠の家に住み込みで寝泊りし、炊事洗濯の手伝いをしながら、師匠から落語の手ほどきを受けたのです。

とても素直な人で、師匠のアドバイスに素直に従い、どんどん落語がうまくなって

いきました。寄席のお客さんからも人気が出てきました。期待の星として、各方面から注目されるようになりました。

一度スランプのワナにはまると…

さて五年ほど経った時に、師匠から一人立ちを許されます。「もう、ここに住み込む必要はない。ここを出て、自分のやりたいようにしなさい」といわれたのです。

彼は考えました。「一人立ちするからには、師匠からアドバイスされたことを、そのままやっているだけではダメだ。もっと自分ならではの個性、自分にしかできない落語をやらなければ」と。

そして、自分なりに工夫して落語をやるようになったのですが、それからが悲劇の始まりでした。お客さんに、まったくウケなくなってしまったのです。周囲からは、「あの落語家は師匠のもとを離れたとたん、話が面白くなくなった。このままだと、やっていけなくなるだろう」などという悪口も耳に入るようになりました。本人も、ずいぶん悩んだようです。そして自分に自信がなくなって、「もうオレは、この世界ではやっていけないんじゃないだろうか」と考えるようになりました。寄席のお客さ

ん の前に出ると、不安から膝がガクガクふるえるようになりました。声もうまく出ません。そのために落語がますます面白くなくなっていくのです。

「運がいい」とくり返し自分にいい聞かせる

そして、その頃から、眠る前に、「オレは運がいい、オレは運がいい、オレは運がいい」と声に出して、自分にいい聞かせるようにしたのです。

この習慣を持つようになってから、不思議に人生が好転するようになりました。自分に自信がわいてきて、お客さんの前に出ても、ものおじしなくなりました。話をする声にも力が出てきて、だんだんと落語がウケるようにもなりました。

どうにか自信を取り戻すことができたこの落語家は、新人の落語家が芸を競う、あるコンテストに挑戦しました。

まさに運良く、コンテストでグランプリを獲得することができ、これがきっかけとなってさらに自信をつけた彼は一人前の落語家として、その後大活躍するようになることができたのです。これは典型的な自己暗示の成功例でしょう。

「運がいい」と自分自身にいい聞かせているうちに、心に確かな自信が植えつけられて、本当に「運がいい」出来事が現実のものとなるのです。

あなたは、自分自身というものに対して、どのような自己暗示をかけながら生活を送っているでしょうか。

「自分なんて、どうせダメな人間だ。だから何をやっても、うまくいかないんだ」

「自分には、これといった才能もない。こんな自分に、自信なんて持てっこない」

そんなマイナスの暗示を自分に対して抱いている人は残念ながら、人生を好転させることができないでしょう。むしろ、その暗示通りに、「ダメな自分」「才能も能力もない自分」が形作られてしまうのです。

「人生がうまくいかないから、自分に悪いイメージを持ってしまう」と私たちは考えがちです。しかし本当のところは違うのです。最初に自分に悪い暗示をかけるから、本当に悪いことが起こり、人生がうまくいかなくなるのです。

自分に対してまず、いい暗示をかける。自分に自信を持つ。

そうすれば必ず、あなたの人生は好転していくはずです。すばらしい出来事が次々にやってくるはずなのです。

自分への自信は、トレーニングしなければ身につかない

夜眠る前に、「自分は運がいい」と自分にいい聞かせていると、なぜ本当に「いいこと」が起こるのか。それは一日のうちで一番、眠る前が、潜在意識に情報が伝わりやすい時間帯だからです。つまり自己暗示に適した時間なのです。

夜の静かな雰囲気の中では心が落ち着き、よけいな雑念が除かれます。そういう環境で、潜在意識は活発に活動を始めます。その時に、「自分は運がいい」「自分は自信満々だ」「自分には何でもできる」「自分には力がある」という言葉を唱えることで、いつもよりもダイレクトに、その暗示が潜在意識に伝わっていくのです。

そして眠っている間に潜在意識の中でつちかわれた想念が、次の日の朝起きてから、あなたの実生活にとてもいい影響を与えます。自分に自信がつき、どんな困難に

遭遇しようとも、その困難を打ち破っていくだけの行動力が身につくようになります。

心から「信念をもつ」ことが大事

また、特に大切なことは、「心から念じる」ということです。「こんなことをして何の意味があるんだろう。本当に、いい効果なんてあるんだろうか」と疑いを持ちながら、自己暗示をしても効果は薄いのです。心から信念を持って、「自分は自信満々だ」「自分には何でもできる」といい聞かせなければならないのです。

とても不思議なことなのですが、「どうしても自分に自信を持つことができないんです」と訴える人がいます。物事を悪いほうへ、悪いほうへと考えてしまう、いわゆる心配性とでもいうのでしょうか。

朝起きた時に体調がちょっとよくなかっただけで、「自分は、悪い病気にかかっているのではないか。もしかしたら、あと何年も生きられないかもしれない」などと大げさに考えてしまうのです。

職場の隅のほうで何人かの同僚たちがヒソヒソ話をしている光景を見かけたりすると、「きっと私の噂をしている。私を悪くいっているに違いない。もう、こんな会社なんて辞めてやる」などと考えてしまう。

仕事で、誰でもするようなほんのささいな失敗をしただけでも、「どうしよう、どうしよう」とパニックになる。

「もうこれで自分は出世なんてできない。いや、どこか地方に左遷されてしまうかもしれない」と絶望的な気持ちになってしまう。

自己暗示を毎日続ける

では、こういう人たちに、「あなたは自分に自信を持って生きていくために、何か努力をしていますか」と尋ねると、たいていの人は「何もしていません」と答えるのです。なぜ「何も努力をしようとしないのですか」と聞くと、「何をやっても、ムダとしか思えないからです」といいます。しかし、それではいけないのです。

考えてもみてください。何の勉強もしないで、学校でいい成績を残すことができるでしょうか。何の努力もしないで、仕事でいい成果を上げることができるでしょうか。

マラソンでいい成績を残すには、それなりの練習をしなければなりません。将棋に強くなるためには、稽古をしなければなりません。

自分に「自信をつける」ということにしても、同じことです。自分に「自信をつける」ためのトレーニングをしなければならないのです。

そして「自信をつける」ために、もっとも手軽にでき、また簡単な練習の方法が、この夜眠る前の自己暗示法です。だまされたつもりで、このトレーニング法に挑戦してみてください。驚くほどの成果を上げられるはずです。繰り返しますが、このトレーニングを行う時は、「心から信じる」ということが、とても大切です。心から「自分には自信がある」と声にして、自分にいい聞かせるのです。

さらに、もう一つ、「毎日やる」ということも、とても大切なことです。一日二日、このトレーニングをしたとしても、ある程度の効果は期待できても、それは長続きはしません。何かに失敗すると、またすぐに自分への自信が揺らいでいってしまうのです。確固とした自信を植えつけるためには、一カ月二カ月と毎日このトレーニングを欠かさず行ってください。

心の中に、「自信にあふれた自分」の姿を思い描いてみよう

先によいことを想像するイメージ・トレーニングの方法について述べました。これについて、もう少しくわしく書きたいと思います。

かつて元巨人軍の長嶋茂雄さんは、次の自分の打席がめぐってくるのを待っている間、相手ピッチャーの投球をじっと見つめながら、「その球をヒットする自分の姿」をイメージするのを心がけていたそうです。すると不思議に、実際に打席に立った時、先のイメージ通りにいいバッティングができたのだといいます。

これもイメージ・トレーニングが功を奏した一例でしょう。

長嶋さんだけでなく、たとえば俳優のショーン・コネリー、歌手のフランク・シナトラ、実業家のヘンリー・フォードなども、自分が「いい演技をしている姿」「舞台

で拍手喝采を受けている姿」「事業で大成功をおさめた姿」を心の中に描く習慣を忘れなかったといわれています。イメージ・トレーニングという言葉を知っていたかどうかは別にして、世界の成功者で、このイメージ・トレーニングの習慣を持っていた人は多くいるのです。

効果的なイメージ・トレーニングの方法

ところで、イメージ・トレーニングを、より効果的に行うためには、いくつかのコツがあります。

まず、できるだけ「具体的な姿」を、心の中で思い描くということです。

ただ「自信満々な姿でいる自分」を想像してみるのもいいのですが、もっと具体的に、たとえば、「会社の会議で堂々と自分の意見を主張している自分」「いい仕事をして、上司からほめられている自分」「恋人の前で、得意な話題で盛り上がっている自分」といったように、シチュエーションを具体的に心の中に思い描いてみるのです。

そうすることによって、イメージ・トレーニングはより効果を増します。

もう一つ、心身をリラックスさせた状態で行うということです。

何度か深呼吸して、目をつぶって、心が落ち着いてきた状態でイメージしてみてください。リラックスした状態になると、潜在意識が活性化し、いいイメージが伝わりやすくなるのです。リラックスした状態を作るために、ムードのある音楽を流したり、眠る前にハーブティなどを飲んだりするのもいいでしょう。

何度も同じイメージを再現する、ということも大切です。

「自信がなくて恋人にプロポーズすることができない」という人は、恋人が喜んで、あなたのプロポーズを受け入れている姿を夜眠りにつく前に何度もイメージしてみるのです。「上司の前に立つと緊張して、いつも足がガクガクになってしまう」という人は、上司の前で堂々と仕事の報告を行っている自分の姿を何度も想像してみましょう。同じイメージを繰り返し思い描いていくうちに、自分への自信もより強いものになっていくのです。

そして本番になった時にはそのイメージ通りになっていくのです。また人によっては、自分の写っている写真で、「この姿は、よく撮れている。いかにも自信がありそうな姿だ」というものを部屋に飾って、眠る前にそれを眺めてから寝るという人もいます。これも非常に効果があるイメージ・トレーニングの手段になるでしょう。

苦しい状況に見舞われた時こそ、ムリしてでも笑ってみよう

ほがらかに明るく笑う、ということも、潜在意識にいいイメージを送り込むのに、とても効果があります。笑顔を作ることを心がけて生活していくうちに、自然に自分への自信が根づき、幸せに生きていけるようになるのです。

化粧品を販売する中小企業の経営者が、こんな話をしていました。

会社を創業してから十年は、順調に業績が伸びていきました。しかし、ちょうど十年経った頃に、経営危機を迎えたのです。全国各地に、強気でどんどん営業所を出していったのですが、それが裏目に出てしまいました。営業所を運営する経費、また営業所拡大にともなって採用した人員の人件費がかさみ、赤字経営に転落してしまったのです。

こうなったらいくつかの営業所を閉鎖するしかありません。増大した人員も減らさなければなりません。しかし、そのことによって、周囲から「あの会社はだいじょうぶか。倒産してしまうんじゃないか」などと噂を立てられるようになります。そんな噂を聞きつけた取引先の銀行からは、新しい融資を渋られるようになります。売り上げも徐々に落ちていきます。そんなことで経営が一気に傾いていったのです。

そんな苦しい状況にあって、この経営者が一番心がけたことが「笑顔」であったというのです。ある日、会社に出勤する際に、奥さんから、「あなた、最近、表情が暗いわよ。苦しそうな顔ばかりしているわよ」と指摘されたのです。その経営者は、ハッと気づかされた思いだったといいます。

「今は苦しい状況だから、知らず知らずのうちに表情が暗くなっていたのだろう。しかし、こんな暗い表情をしていたのでは、かえってこの難局を乗り越えられないのではないか。社長が暗い顔をしていたのでは、社員も不安な気持ちになるだろうし、お客さんだって離れていくばかりだ。銀行にも、よけいな心配をかけてしまうに違いない」

笑顔は何よりの特効薬

経営者は次の日から、朝、洗面所に立つ際には、鏡を見ながら笑顔を作る練習を始めたのです。会社にいっても、つとめてほがらかに笑っているように心がけました。また明るい笑顔でいることによって、心の中で自信がわき上がってきて、「私が、このくらいの難局を乗り越えられないわけがない。私なら、絶対にできる」と、前向きに考えることができるようになったのです。

そして実際に、どうにかこの危機を打破し、また経営を上向きにすることができたのだといいます。それ以来、「苦しい時こそ笑顔でいよう」が、この経営者の人生のモットーになりました。

さて、あなたも自分に「自信がある」「だいじょうぶだ」「絶対できる」と、プラスの作用を及ぼす言葉をいい聞かせてください。

そして、自分に対して、よりよいイメージをつくる。いつも笑顔でいる。この三つのことを実践しながら、日常生活を送っていってほしいと思うのです。

そのことだけでも、くじけそうになった時、自分への不信感が芽生えてきそうになった時、そんな自分をふたたび立ち直らせることができるはずです。立ち直って、ふたたび力強く前に向かって進んでいくことができるようになるはずなのです。

笑うということは、気分転換の方法としても役立ちます。

何か、ひどく落ち込むようなことがあった時、あなたはどうやって気分転換をはかるでしょうか。

スポーツをして汗を流す、友人に会ってグチを聞いてもらう、音楽を聞く、歌をうたう、と、その他にも人によっていろいろあるのでしょうが、「笑う」ということはとても有効な手段になります。

人は、心からほがらかに笑うと、副交感神経の働きが良くなるといわれています。そのために、精神的にとてもリラックスした状態になるのです。

精神分析学で有名なフロイトも、「笑いは、心を開放する」といっています。

心が落ち着き、気分が良くなり、なんだかウキウキした気分になるのです。

どんな悲しみにも、必ず終止符が打たれる時がやってくる

最後になりましたが、ある女性の話をしましょう。

彼女は中学生の時に、とてもつらい経験をしました。両親の仲が悪くなったのです。毎日のように、父親と母親は激しくいい争うケンカばかりしていました。ケンカをする両親にはさまれて、彼女自身、とても悲しかったのです。

結局、両親は離婚しました。彼女は母親に引き取られ、母親と父親が激しくいい争う姿を見ることはなくなりましたが、精神的なショックは大きく、彼女はほがらかに笑うことができなくなりました。

学校では友だちを作ることができず、いつも一人ぼっちでいるようになりました。成績は下がり、高校も志望校を落ちてしまいました。グレかけたこともありました。

とにかく、その頃のことを思い出すと、いいことは一つもなかったといいます。毎日、泣いてばかりいたのです。楽しい思い出など一つもありませんでした。

しかし十八歳で、ある男性と巡り会ったことをきっかけに、彼女の人生は変わりました。彼は、とても冗談が好きな男性で、面白いことをいっては彼女を笑わせてくれたのです。最初のうち、彼女は素直に笑えなかったといいます。笑おうと思っても、どこかで顔がひきつってしまうのです。

そんな彼女に、彼は、

「君は笑うと、とってもいい顔になるよ。とってもかわいいよ」

といってくれたのです。

その言葉に励まされて、彼女は徐々に、いい笑顔を作れるようになりました。

彼女が心から笑えるようになった時、彼からプロポーズの言葉がありました。二十二歳の時でした。

彼女は彼と結婚しました。そして今は、とても幸福な生活を送っています。子供も産まれ、笑いの絶えない家族に囲まれて暮らしているのです。

彼女は「心から笑う」ことのすばらしさ、幸福を教えてくれた彼に今でも感謝し、愛しているそうです。

つらいことが続いても投げやりになってはダメ

彼女ばかりでないのでしょう。

誰の人生であっても、つらいことはあるでしょう。

悲しいこともあるでしょう。

しかし、どんなつらいこと、悲しいことにも、必ずどこかに終わりがあることを覚えておいてほしいのです。

ただ残念なことに、悩み、心配事、悲しみ、と、そんなものに心を奪われている人には、それがわかりません。「自分は、このことで一生悩み続けなければならないんだ」と思い込んでしまっているのです。

それで絶望的な気持ちになってしまい、投げやりな気持ちになったり、世をはかなんだり、人づき合いを避けて自分一人の世界に閉じこもってしまったりする人もいます。

しかし、繰り返すようですが、みなさんの悩みは必ずどこかで終止符が打たれる時がやってくるのです。

そのことを信じて生きていってほしいのです。

そして、その時がやってくるのを、つらそうな顔、悲しそうな顔をして待っているのではなく、明るく笑いながら待ってほしいのです。

なぜなら、そのほうがずっと、あなたの悲しみ、つらさに終止符が打たれる時が、早くやってくるからです。

あとがき

あなたの人生を築き上げていくのは、ほかならないあなた自身です。

確かに多くの人が、あなたを導いてくれるでしょう。あなたを援助してくれるでしょう。しかし最終的に、あなたの人生を作るのは、あなた自身であることを忘れないでほしいのです。

もしあなたが、生きることに自信を持てないのなら、あなたは自分の人生を幸福なものに作り上げていくことはできません。

自分に自信のない人は、自分の人生を不幸なものにしてしまうのです。

自分に自信を持ってください。それが、あなたの人生を幸福なものにするために、とても大切なことであるからです。とはいっても「自分に自信を持つ」ということは、それほどむずかしいことではありません。

ここまで本書の中で述べてきたように、

1　得意なことを一つ持つ
2　つらい試練も楽天思考で乗り越える
3　過ぎ去ったことを後悔しない
4　心がワクワクするものを見つける
5　何でも相談できる仲間を持つ
6　思い切って決断してみる
7　負けることを恐れない
8　小さいことでも自分をほめる
9　「自信にあふれた自分」をイメージする

この「9つの方法」を日常生活の中で実践してみるだけでいいのです。

あなたの人生はきっと見違えるようにすばらしいものになっていくはずです。

あなたが人生の半ばで、何かにつまずいて、自分への自信を失いそうになった時、本書が役立つことを希望しています。

著者

本書は成美文庫のために書き下ろされたものである。

成美文庫

強い自信がみなぎる本

著　者　　植　西　　聰
発行者　　深　見　悦　司
発行所　　成美堂出版株式会社
印　刷　　広研印刷株式会社
製　本　　株式会社越後堂製本

ISBN4-415-07023-X

ツキを呼びこむ「論語」の成功法則

植西 聰

論語はいつも勝ち組をつくり続けてきた。勝ち組は論語のどこをどんな視点で読んできたのか。そこに成功の核心がある！

マーフィー 人に好かれる魔法の言葉

植西 聰

人を幸せにし自分が得をする「最高の一言」を知っていますか。使っていますか。人間関係から人生成功を得るアドバイス。

マーフィーの幸福論「元気」をくれる魔法の言葉

植西 聰

心がスッと楽になる不思議な言葉がある。常に心に思い、口に出しなさい。気持ちは前向きになり、必ず幸せが手に入る！

1分間自己啓発

斎藤茂太

そのとき成功者はどう発想し、どう行動したのか？ 立花隆、本田宗一郎など百余人の「人生の秘訣」をモタさんが分析。

脳を鍛える50の秘訣

斎藤茂太

脳のメカニズムがわかれば鍛え方がわかる。鍛え方が正しければ脳力は無限に伸びていく。鋭い頭はこうつくられるのだ。

茂太さんの元気を出すのがうまい人 へたな人

斎藤茂太

魅力的な人ってどんな人？ 疲れた心をリフレッシュする発想から話術まで、自分も人も明るくする「ほがらか人間学」。

すぐに「好感を持たれる人」の12の習慣
斎藤茂太
人間関係には「ここさえ直せば劇的に好転する」ツボがある。人づき合いのイライラが爽やかに消えるモタさん流心育て。

なぜかやる気が出ない人へ
斎藤茂太
ついダラダラ、いらいら、モタモタして、自分を責めるするのをやめよう。茂太流人生チェックで心は前向きになるのです。

クヨクヨ気分が晴れる本
ひろさちや
頭の切り換え方ひとつで人生は生きやすくなる。執着心は捨てられる。心がスッと楽になる「ほとけの知恵」を教えます。

人生はゆっくり変えればいい!
藤原東演
仕事は早いが心はのんびり。楽するよりも楽しんで生きる。そんな頑張りすぎない自分になるための禅の生き方51の知恵。

心を幸福にする簡単な50の方法
本多信一
自分が好きになれない。イラつく。何かが胸にわだかまる。そんな症状によく効くクスリ。心をすぐに温かくいやします。

話べたな人の自己表現の本
本多信一
足りないのは言葉でも自信でもありません。今の自分を変えない自然体を大切に、伝える力、主張する力を育てる本です。